F.EDOUARD 1989

ARSÈNE HOUSSAYE

ROMANS
PARISIENS

LA VERTU DE ROSINE

LE REPENTIR DE MARION

LE VALET DE CŒUR ET LA DAME DE CARREAU

MADEMOISELLE DE BEAUPRÉAU

LE TREIZIÈME CONVIVE

PARIS
FERDINAND SARTORIUS, ÉDITEUR
9, RUE MAZARINE, 9

MDCCCLIX

LA VERTU
DE ROSINE

page déplacé

(C.)

ARSÈNE HOUSSAYE

ROMANS PARISIENS

LA VERTU DE ROSINE

LE REPENTIR DE MARION

LE VALET DE CŒUR
ET LA DAME DE CARREAU

MADEMOISELLE DE BEAUPRÉAU

LE TREIZIÈME CONVIVE

PARIS
FERDINAND SARTORIUS, ÉDITEUR
9, RUE MAZARINE, 9.

MDCCCLIX

Droits de traduction et de reproduction réservés.

ROMANS PARISIENS

ARSÈNE HOUSSAYE

LE ROI VOLTAIRE
SA JEUNESSE — SES FEMMES — SES MINISTRES — SA COUR — SON ROYAUME
SON PEUPLE — SON DIEU — SA DYNASTIE

Troisième édition. Un beau volume in-8°, 6 fr.

LA GALERIE DU DIX-HUITIÈME SIÈCLE
Sixième édition. Cinq volumes, 5 fr.

HISTOIRE DU 41me FAUTEUIL
DE L'ACADÉMIE FRANÇAISE

Quatrième édition. Un volume, 3 fr. 50 c.

VOYAGES HUMORISTIQUES
AMSTERDAM — PARIS — VENISE

Nouvelle édition. Un volume, 3 fr. 50 c.

LES ŒUVRES POÉTIQUES
Nouvelle édition. Un vol., 3 fr. 50 c.

PHILOSOPHES ET COMÉDIENNES
Quatrième édition. Un vol., 3 fr. 50 c.

LE VIOLON DE FRANJOLÉ
Sixième édition. Un vol., 3 fr. 50 c.

LES FEMMES COMME ELLES SONT
Troisième édition. Un vol., 1 fr.

MADEMOISELLE MARIANI
Un vol. in-18 (sous presse).

PARIS. — IMP. SIMON RAÇON ET COMP., RUE D'ERFURTH, 1.

PRÉFACE

Sous ce titre : Les Romans parisiens, *l'éditeur publie une première série d'histoires qui, non-seulement ont Paris pour théâtre, mais encore qui expriment les aspirations et les défaillances des âmes passionnées de la capitale du monde. Ce sont des portraits et des tableaux pris sur le vif, au milieu de ce tourbillon qui emporte tout dans ses spirales sans fin.*

Les cinq petits romans dont se compose ce volume sont pour ainsi dire inédits; les deux premiers, la Vertu de Rosine *et le* Repentir de Marion, *ont paru en deux volumes diamant; mais l'auteur les a considérablement augmentés. Les esquisses sont-elles devenues des tableaux, sans perdre « la précieuse liberté de touche et la fraîche couleur » qui avait frappé la critique ? Le Valet de cœur et la Dame de carreau, Mademoiselle de Beaupréau et le Treizième convive n'avaient été imprimés qu'en feuilletons. C'est donc presque un livre nouveau que l'éditeur offre au public.*

Si l'auteur n'avait craint d'effaroucher les imaginations romanesques, il eût appelé ses romans Contes philosophiques ; *car il est de ceux qui croient que les conteurs moralisent mieux que les pédagogues qui changent le vin en eau. Mais qu'importe que le mot n'y soit pas ! Pourquoi dire que le masque qui rit sur la figure cache une idée et un sentiment ? Érasme n'a-t-il pas fait l'éloge de la raison en disant qu'il faisait l'éloge de la folie ?*

LA VERTU
DE ROSINE

I

LES LITANIES DE LA FAIM

Ami lecteur, — vous qui êtes un vrai Parisien né dans le vrai Paris, — vous qui avez voyagé en Chine, vous qui avez couru les mers depuis Berg-op-Zoom jusqu'à Seringapatam, — vous ne vous êtes jamais aventuré de l'autre côté de l'eau, dans les défilés de la place Maubert.

La rue des Lavandières est le plus triste chemin de ce pays perdu où l'ange des ténèbres étend ses ailes empoisonnées. Il y passe çà et là, parmi les peuplades pittoresques qui secouent leur vermine, un être reconnu de l'espèce humaine, comme un étudiant qui va au Jardin des Plantes, un provincial qui cherche sa famille parisienne, une jolie ouvrière qui s'élance, légère comme un chat, sur la pointe de sa pantoufle, de la boutique de l'épicier à l'éventaire de la marchande des quatre saisons. Les autres passants, vous les connaissez : un voleur oisif qui attend l'heure du travail; un enfant qui barbote dans le ruisseau, une femme qui a des yeux pour y voir, mais qui joue les aveugles sur le pont Royal avec une vielle qui chante les airs de *Fualdès;* un chiffonnier ivre, Diogène moderne qui a allumé sa lanterne pour chercher un cabaret.

Il y a quelques années, dans une vieille maison (j'allais dire un repaire) de cette rue sans air et sans soleil, vivait une pauvre famille d'origine lorraine, digne en tous points d'habiter un meilleur pays. Le père était tailleur de pierres; il avait follement quitté sa ville natale, en compagnie de sa femme, pour chercher fortune à Paris. Une fois embarqué sur cette mer trompeuse, il avait tendu la main vers la terre ferme; mais il ne devait atteindre qu'à la terre ferme du tombeau. Sans cesse ballotté par tous les vents contraires, il n'avait d'autre planche de salut que ses bras. A Paris, la misère est mille fois plus sombre et plus désolée que dans la plus triste province; tant qu'il y a un rayon de soleil qui égaye le chemin, un arbre vert qui donne de l'ombre, une fontaine qui verse à boire au premier venu, on traîne sa misère avec je ne sais quelle force juvénile; le sourire du ciel et de la nature vient jusqu'au cœur de celui qui travaille. Il voit Dieu à chaque pas, Dieu qui lui dit d'espérer! Mais à Paris, dans ces repaires qui semblent bâtis pour des forçats, où le soleil ne vient jamais, où le vent d'avril ne sème pas de fleurs sur le toit, où les fenêtres ne s'ouvrent guère sur le ciel, où l'hirondelle ne vient pas faire son nid, la misère est une image de la mort; la misère s'accroupit dans le foyer, s'assied au chevet du lit, ou préside au banquet de Lazare. C'est la misère de Satan.

André Dumon — ainsi se nommait le tailleur de pierres — ne gagnait guère qu'une pièce de cinq francs par jour, sur quoi il prélevait au moins quarante sous pour lui-même; il ne rapportait donc le soir que trois francs au logis. Avec ces trois francs il fallait que sa femme nourrît et élevât sa famille, sans oublier le loyer du toit qui l'abritait. Tant qu'elle eut du lait dans ses mamelles fécondes, elle accomplit héroïquement sa mission, semblable au pélican solitaire qui, dans ses jours de mauvaise chasse, se déchire le sein pour nourrir sa nichée. Mais le lait tarit sous les lèvres affamées. La famille était parvenue à vivre de peu, sans se plaindre même au ciel : il fallut se résigner à vivre de rien. Le pauvre tailleur de pierres vit bientôt la faim s'asseoir au triste seuil de sa porte.

Jusque-là sa nichée d'enfants venait, toute bruyante et toute joyeuse, l'attendre sur le soir au haut de l'escalier; c'était à qui lui sauterait sur les bras, se pendrait à son cou, lui saisirait la main; il rentrait dans ce doux cortége; il oubliait les peines du travail; il embrassait sa femme avec la joie dans le cœur. On se mettait à table, les enfants debout pour tenir moins de place; on mangeait un pain béni du ciel, accompagné d'un plat de lentilles ou d'une tranche de bœuf; sur la table était un cruchon de cidre ou de piquette que tous se passaient à la ronde. Après souper, les jours de froid, on brûlait un demi-cotret, — un vrai feu de joie qui durait une demi-heure, — après quoi on s'endormait content et sans fatigue. Les jours de beau temps, toute la famille, moins l'enfant au berceau, descendait sur le quai de la Tournelle pour respirer un peu et voir le ciel. Les enfants étaient vêtus de rien, mais par la main d'une vraie mère. Tout le monde admirait au passage cette petite caravane allègre et souriante qui portait bravement sa misère.

Mais il vint un temps où la pauvre mère perdit ses forces et son lait. Cette fraîche et féconde créature, éclose en pleine séve dans la vallée de la Meurthe, ne put résister à tant de sacrifices cachés. Jusque-là, elle seule avait souffert sans le dire jamais, se consolant dans le sourire de ses enfants. Ce fut alors qu'elle redevint mère pour la huitième fois. Elle ne se plaignit pas; mais le tailleur de pierres vit bientôt qu'il succomberait à la peine. Ce qui lui ouvrit surtout les yeux sur sa misère prochaine, ce fut l'absence de ses enfants au haut de l'escalier quand il revenait du travail.

A la seconde absence, il pâlit, il ouvrit la porte et entra sans mot dire. Ses enfants vinrent à lui, mais silencieusement, comme s'ils n'avaient rien de bon à lui apprendre. La mère se détourna pour essuyer une larme.

— Eh bien, qu'y a-t-il donc? demanda André Dumon.

1.

— Rien, répondit sa femme en essayant un sourire; rien, si ce n'est que tu as oublié de m'embrasser.

Le tailleur de pierres se leva et alla droit à sa femme; il l'embrassa, mais elle n'avait pas essuyé toutes ses larmes.

II

LA DERNIÈRE GOUTTE DE LAIT

Le souper fut grave et triste. Il n'y eut que les enfants qui mangèrent; ce soir-là on n'alla pas se promener sur le quai de la Tournelle. Le lendemain, André Dumon demanda une augmentation de salaire à son maître; comme il n'avait pas soupé la veille, il parla avec un peu d'amertume. L'entrepreneur, qui venait de subir une faillite, répondit avec dureté : le tailleur de pierres prit ses outils et chercha un autre maître.

Quand le malheur poursuit un homme, il ne lâche

pas sitôt prise : André Dumon demeura trois semaines sans travail. Il fallut avoir recours au mont-de-piété. Chaque jour de ces trois fatales semaines, toutes les petites bouches roses, déjà pâlies, qui naguère s'ouvraient pour l'embrasser ou babiller avec lui, ne s'ouvraient plus, hélas! que pour lui dire ce mot terrible, digne de l'enfer : — J'ai faim ! —

Le tableau de Prud'hon, la *Famille malheureuse*, un chef-d'œuvre de résignation dans le désespoir, pouvait alors se voir tous les jours chez le tailleur de pierres.

Il retrouva du travail; mais, après avoir gagné cinq francs, il ne gagna plus que cinquante sous. La pauvre mère, malgré ses veilles, ne put parvenir à dégager son linge du mont-de-piété. La Mère des Douleurs accoucha dans une étable où il faisait chaud; la femme du tailleur de pierres accoucha vers le même temps, mais dans un grenier, sans feu et sans langes.

Elle résista pourtant à tant de souffrances; elle retrouva dans ses mamelles flétries une dernière goutte de lait pour nourrir le nouveau venu.

III

ROSINE

Sa première fille avait vingt ans et se nommait Rosine.

Rosine avait la pâle et charmante beauté des Parisiennes, ces yeux bleus voilés de longs cils noirs qui ont l'art de regarder comme le serpent, cette bouche moqueuse comme l'esprit, mais éloquente comme la passion; ce profil ondoyant, qui désespère le sculpteur, mais qui ravit l'amoureux.

La pauvre Rosine ne demandait qu'à verdoyer et à

fleurir, comme toutes celles qui ont dix-sept ans ; mais comment avoir la gaieté au cœur, quand on a sans cesse sous les yeux le spectacle d'une mère qui souffre et qui veille, d'un père que le travail a courbé, de sept enfants qui jouent, sans oublier qu'ils ont faim? D'ailleurs, Rosine n'avait pas le temps de rire : du matin au soir elle était sur pied pour veiller ses trois sœurs et ses quatre frères. C'était la maîtresse d'école de la bande. Sa mère lui avait appris à lire ; elle répétait la leçon aux autres.

Cependant la jeunesse a tant de ressources en elle, que Rosine garda sa beauté dans cette atmosphère de mort. Un nuage passait, mais bientôt le pur rayon de la jeunesse déchirait le nuage. Il lui arrivait çà et là d'heureux moments, soit qu'elle s'appuyât à la fenêtre pour regarder la ville immense où elle espérait une meilleure place, soit qu'elle peignât ses beaux cheveux brunissants devant un miroir cassé, qui seul lui parlait d'elle.

Le matin, pour commencer sa triste journée, elle chantait d'une voix fraîche et perlée quelques airs d'orgue que le vent apportait le soir jusqu'à la fenêtre, ou quelque vieille chanson lorraine dont sa mère l'avait bercée en de meilleurs jours. Le soir, elle s'endormait heureuse comme le voyageur après une mauvaise traversée.

Le logis du tailleur de pierres se composait d'une chambre et de deux cabinets; un de ces cabinets était pour Rosine et ses petites sœurs. Même aux plus grands jours de détresse, ce lieu avait un certain air de jeunesse qui charmait les yeux. Çà et là une robe, un bonnet, un fichu, cachaient la nudité des solives; les deux lits blancs avaient je ne sais quoi d'innocent et de simple qui réjouissait le cœur; la petite fenêtre s'ouvrant sur le toit avait un coin du ciel en perspective; enfin, quand Rosine était là, chantant à son réveil, tressant ses beaux cheveux, sa seule parure et sa seule richesse, ne voyait-on pas la jeunesse en personne?

Elle devinait Paris par instinct, car elle ne l'avait vu que de loin. A peine s'il lui était arrivé, à deux ou trois jours de fête, de suivre son père dans le cœur de la grande ville. La nuit elle avait rêvé de toutes ces splendeurs féeriques. Le lendemain, en revoyant le sombre intérieur de la rue des Lavandières, elle s'était ressouvenue de toutes les richesses parisiennes. Le serpent, celui-là qui perdit Ève et toutes les filles d'Ève, avait déployé sous ses yeux éblouis les robes de soie et de velours; la dentelle de Chantilly; l'or, qui vous prend par le doigt et par le bras sous la forme d'une bague et d'un bracelet; les diamants, qui ont les yeux du tentateur. « Pourquoi suis-je dans un grenier? demandait-elle, qu'ai-je donc fait à Dieu pour qu'il me condamne à cette froide prison et à ce dur esclavage, quand tant d'autres, laides et vieilles, promènent bruyamment leur luxe coupable? » Et le serpent lui répondait : « Laisse là ton père et ta mère, descends ce sombre escalier, traverse la ville de ton pied léger; je te conduirai au banquet où l'on chante et où l'on rit; l'arbre de la vie a des fruits dorés pour toi comme pour les autres. » Elle comprenait vaguement que son honneur et sa vertu seraient le prix de sa place au banquet : elle s'indignait et reprenait avec une noble ardeur les lourdes chaînes de la misère.

IV

LES TENTATIONS DU PAYS LATIN

Un matin, Rosine descendit, pour prendre le lait quotidien, au coin de la rue. Elle était habillée pour l'amour de Dieu : une petite jupe verte, un corsage de basin blanc, des pantoufles de Cendrillon qui ne cachaient pas la finesse et la blancheur de son pied nu. Deux boucles de ses cheveux flottaient au vent sur ses joues, et voilaient à demi ses yeux profonds comme le ciel.

Elle était charmante ainsi, dans tout le luxe de ses vingt ans.

Un grand étudiant blond qui l'avait vue sortir, comme une vision, d'une obscure allée, la suivit pas à pas, émerveillé de tant de grâce.

Une charrette de maraîcher arrêta Rosine au passage. Tout naturellement l'étudiant s'arrêta près d'elle, entre deux portes. Elle le regarda et rougit.

— Mademoiselle (c'était la première fois qu'on appelait Rosine *mademoiselle*), vos jolis pieds ne devraient courir que sur des roses.

Elle ne répondit pas, mais elle ne songea pas à s'offenser.

— Mademoiselle, reprit l'étudiant avec un regard plus vif, qu'est-ce que prouve la vie? la mort; qu'est-ce que prouve la mort? la vie; qu'est-ce que prouvent la vie et la mort? l'amour.

La charrette allait passer; l'étudiant se rapprocha de Rosine et lui saisit la main.

— Monsieur, je n'ai pas assez d'esprit pour vous répondre.

— Mademoiselle, le premier trait d'esprit d'une femme, c'est sa figure; le dernier, c'est son cœur.

— Monsieur...

La voix de Rosine expira sur ses lèvres.

— Encore un mot, mademoiselle. Voulez-vous être

de moitié dans ma fortune d'étudiant? deux cents francs par mois, — c'était hier le 1er du mois, — une jolie chambre à un lit, la Closerie des lilas deux fois par semaine, un joli chapeau bleu de pervenche pour ombrager cette fraîche figure, une robe de soie claire, un collier de perles du Rhin, des bottines pour ces petits pieds blancs. C'est peu ; mais, quand le cœur y est, c'est tout. Si vous saviez comme on est heureux de vivre là-bas vers le Panthéon, rue de la Harpe, n° 50 !

La charrette était partie ; Rosine, abasourdie de toutes ces paroles, qu'elle n'entendait pas, finit par dégager sa main et par s'échapper.

L'étudiant vit bien qu'il s'était mépris ; cependant il ne voulut pas s'éloigner encore ; il suivit la jeune fille des yeux ; elle paya son lait et revint sur ses pas. Il l'attendit de pied ferme, résolu de tenter encore la bonne fortune. Mais Rosine, craignant de le rencontrer une seconde fois, entra dans l'arrière-boutique d'une fruitière, d'où elle sortit, cinq minutes après, tout émue encore. Le jeune homme n'était plus là.

Loin de se fâcher contre les airs sans façon de l'étudiant, Rosine lui sut gré de lui avoir dit, avec tout l'accent de la vérité, qu'il la trouvait jolie.

Rentrée dans son cabinet, elle se mira vingt fois, tout en regrettant d'être sortie avec des cheveux en désordre.

— Si je l'avais suivi! dit-elle en rougissant.

Elle chercha à se faire le tableau de la vie de l'étudiant; elle y prit place, elle se vit avec une robe de soie, — une robe de soie claire! se disait-elle en tressaillant; — un chapeau, — un chapeau à fleurs! poursuivait-elle en encadrant sa fraîche figure dans ses mains, que le travail n'avait pas gâtées. Enfin, elle fit passer sous ses yeux tout l'attirail du luxe du pays latin. Elle se vit suspendue au bras de l'étudiant, rangeant et dérangeant dans la petite chambre de la rue de la Harpe; le matin, ouvrant la fenêtre pour respirer le bonheur et pour arroser quelques pots de jacinthe ou de verveine; le soir, travaillant devant un vrai feu à quelque fine manchette ou à quelque léger bonnet.

— Mais la nuit? — dit-elle tout à coup.

A cette pensée elle retomba du haut de ses rêves, et vit en rougissant ses seins soulevés par les battements de son cœur.

Deux beaux seins, que, jusque-là, elle n'avait jamais regardés.

V

COMMENT LA MÈRE SAUVA LA FILLE

En face du triste logis d'André Dumon, un vieillard encore vert habitait une humble baraque, toute décrépite, qu'un chiffonnier bien né n'eût pas voulu pour demeure. Ce vieillard, qui s'appelait M. Mahomet, s'était enrichi dans le commerce et dans l'avarice; on l'a connu, durant un demi-siècle, herboriste rue Mouffetard. Il avait bien marié ses enfants : sa fille avait épousé un notaire de campagne; son fils s'était conjoint à la veuve d'un banquier. Pour lui, retiré des affaires avec six mille livres de revenu, il se contentait d'une vie obscure qui lui permettait de faire encore des économies. S'il habitait la rue des Lavandières, c'est que la maison lui appartenait et qu'il ne la pouvait louer à d'autres.

Une servante, qu'il appelait sa dame de compagnie, gouvernait sa maison. Elle mourut subitement un soir. M. Mahomet parut longtemps inconsolable. Il chercha à se consoler; un jour il appela chez lui la femme du tailleur de pierres.

— Vous savez, madame Dumon, le malheur qui m'est arrivé? Vous avez une fille qui m'a l'air fort avenant; voulez-vous, sans préambule, me l'accorder pour demoiselle de compagnie? Je vous logerai tous dans ma maison, sans compter que je lui donnerai cinquante francs par mois.

— Non, monsieur, dit la mère en se retirant.

Le soir, André Dumon rentra plus tard que de coutume. On était aux premiers jours de janvier; un froid noir pénétrait partout. Les petits enfants, pâles et affamés, se tenaient les uns contre les autres, à moitié endormis, devant deux bâtons de fagot qui brûlaient comme à regret dans l'âtre le plus désolé du monde; la mère préparait le souper, — un souper pour deux, et ils étaient dix! — Rosine achevait d'ajuster une jaquette pour une de ses jeunes sœurs. Un morne silence répondait aux mugissements du vent.

Le tailleur de pierres entra en secouant la neige qui couvrait sa tête, ses bras et ses pieds. Sa femme alla à lui.

— Voyons, assieds-toi. J'étais inquiète, il est près de huit heures; aussi les voilà tous qui dorment.

— Ne les réveille pas, dit André Dumon d'un air désespéré, qui dort dîne.

Mais, à cet instant, la mère ayant fait, sans le vouloir, un bruit d'assiettes, tous les enfants ouvrirent les yeux.

— Allez vous coucher, dit la mère sans écouter son cœur.

— J'ai faim! dit l'un des enfants.

— Moi, dit un autre, j'ai rêvé que je mangeais un lièvre.

— Vous avez dîné, reprit la mère.

Comme elle parlait avec des larmes dans les yeux, tous les enfants se regardèrent avec une surprise muette.

— Non, reprit la pauvre femme, ne m'écoutez pas, venez à table; tant qu'il restera une miette de pain ici, chacun en aura sa part.

Rosine ne mangea pas; la nuit, elle ne dormit pas. Elle entendit son père qui se désespérait.

— Et quand on songe, dit tout à coup la mère, que si nous voulions sacrifier Rosine...

Le père, malgré ses craintes et ses angoisses, repoussa avec une douleur sauvage les coupables espérances de sa femme.

— Jamais! jamais! dit-il en agitant les bras; il y a encore dans mes mains assez de force pour protéger toute ma famille contre la faim, le froid et le déshonneur!

Rosine, qui de son cabinet entendait tout, respira, s'agenouilla et remercia Dieu d'avoir si bien inspiré son père.

— Hélas! dit la mère, je sais bien qu'à force de travail tu nous sauverais; mais tu mourras à la peine.

— Quoi qu'il arrive, jamais je ne consentirai à vendre mes enfants. Qu'ils fassent ce qu'ils veulent, c'est la volonté du ciel : s'ils se trompent de chemin, cela ne me regarde plus.

Le matin, le tailleur de pierres partit pour son travail. Rosine sortit du cabinet d'un air abattu; la pauvre mère vint à elle. A cet instant les enfants, à peine éveillés, appelèrent leur mère et leur sœur par leurs cris; elle pensa avec angoisse aux tristes jours d'hiver qu'ils allaient traverser.

— Faudra-t-il donc, dit la mère en regardant Rosine, que, pour l'honneur de celle-ci, je laisse mourir tous les autres de faim?

Mais elle aimait trop Rosine.

— Non, non, dit-elle en l'embrassant, je ne ferai jamais cela.

Et elle cacha ses larmes dans les cheveux de Rosine.

— Va-t'en, va-t'en, je te l'ordonne, c'est Dieu qui m'inspire; tu es belle, tu as de l'esprit, Dieu te conduira par la main; ne reste pas ici, où le malheur est venu; un jour nous nous retrouverons.

Elle prit la main de sa fille et la conduisit sur l'escalier.

— Adieu!

Rosine comprit. Elle rentra pour s'habiller et pour embrasser ses petits frères et ses petites sœurs.

— Je prierai pour mon père, dit-elle.

Et, tout éperdue, elle descendit rapidement l'escalier, comme si elle eût obéi à une voix suprême.

— Où vais-je? se dit-elle quand elle fut dans la rue.

Elle alla sur le quai de la Tournelle, voyant toujours sous ses yeux sa mère à moitié folle, qui voulait tour à tour la perdre et la sauver.

Le père de Rosine, fils et petit-fils de soldat, savait l'honneur et fût mort pour l'honneur; — tout son luxe était une croix gagnée par son grand-père. — Quoique simple tailleur de pierres, il avait un cœur haut placé, un esprit libre, une âme fière. Il avait peu lu, toutefois il avait appris les belles actions : l'héroïsme, la grandeur, le génie, lui avaient révélé la dignité humaine. Mais sa femme, qui ne voyait pas si haut, qui était plus que lui en face de la misère, qui avait plus d'une fois répandu une larme sur les lèvres de l'enfant à la mamelle, ne voyait pas que l'abîme du mal fût si profond. Si Rosine fût demeurée près d'elle, peut-être eût-elle fini par la jeter, un jour de désespoir, dans les bras de M. Mahomet.

VI

LA HARPIE

Comme Rosine arrivait au pont Notre-Dame, elle se trouva devant une peuplade bariolée qui faisait cercle autour d'une chanteuse des rues s'accompagnant d'une harpe.

Ceux qui la connaissaient d'un peu près l'appelaient la Harpie. C'était une femme flétrie et ravagée par le temps et surtout par les passions. Elle avait à peine trente-cinq ans; on lui en eût donné cinquante au premier coup d'œil. Elle était sèche et jaune avec de grands bras et de grandes jambes comme un faucheux; mais elle avait encore je ne sais quoi dans le regard et dans le sourire qui révélait une vie meilleure. Dans son beau temps, elle avait montré ses jambes dans les chœurs de l'Opéra. Du ciel de l'Opéra, elle était descendue dans l'enfer des petits théâtres; enfin, de chute en chute, elle était tombée dans la rue avec une voix cassée et une harpe de rencontre. Elle vivait au jour le jour de ses grâces fanées et de ses chansons sentimentales. Elle passait la nuit où il plaisait à Dieu. Elle avait, six semaines durant, entre les deux époques où l'on paye son terme, habité la même maison que le tailleur de pierres. Ayant alors rencontré Rosine dans l'escalier et dans la rue, elle avait songé, à diverses reprises, à l'entraîner avec elle dans le vagabondage en plein vent.

Rosine, qui n'avait pas l'oreille à la chanson, allait passer outre, quand elle fut arrêtée de vive force entre un soldat et un oisif qui n'étaient pas fâchés d'écouter en si fraîche et si douce compagnie. Les survenants ayant, en moins de rien, fait la chaîne autour d'elle, il lui fut impossible d'avancer ou de reculer. Elle se résigna à être du spectacle. Elle reconnut à cet instant la joueuse de harpe. Cette femme reconnut aussi Rosine. Ce jour-là, elle fut frappée de la sombre tristesse de la pauvre fille. Après avoir promené sa sébile, où tombèrent quelques sous, elle prit Rosine par le bras et l'entraîna au prochain cabaret, tout en lui demandant la cause de son chagrin.

— Je n'ai rien, répondit Rosine.

— Des ruisseaux de larmes! des rivières de diamants. Prends garde de les perdre! Pour moi, quand je pleure, c'est que j'ai soif ou que j'ai mangé de l'oignon.

La Harpie frappa sur la table pour appeler la cabaretière.

— Donnez-moi un oignon en attendant le festin; l'oignon fait la force.

La joueuse de harpe versa à boire.

— Trinquons! Puisqu'il va tomber une averse, prenons un coup de soleil. Contre mauvaise fortune bon vin.

— Je n'aime pas le vin, dit Rosine.

— Des manières! J'en suis revenue; c'était bon quand j'avais une ceinture dorée. Ceinture dorée vaut mieux que bonne renommée. Trinquons! c'est du réveille-matin d'Argenteuil.

Rosine refusa de boire; ce que voyant, la joueuse de harpe vida les deux verres.

— Est-ce qu'il y a une anguille sous roche? Est-ce que ton amoureux te trahit? Est-ce qu'on te coupe l'herbe sous le pied?

Rosine se récria.

— Un amoureux? vous ne savez pas ce que vous dites.

— Vois-tu, ma belle, le meilleur n'en vaut rien. Moi qui te parle, j'ai eu des amoureux de toutes les façons, à pied et en carrosse. J'ai changé plus de mille fois mon billet pour avoir toujours de la fausse monnaie. J'avais beau verser toutes mes larmes, c'était comme si je chantais!

Disant ces mots, la joueuse de harpe se mit à entonner : *Adieu, mon beau navire!*

Son beau navire, c'était sa jeunesse qui fuyait au loin, emportant les vertes passions.

— Voyons, un peu de confiance, ma mie! reprit la Harpie en prenant la main de Rosine; dis-moi pourquoi tu pleures.

Rosine raconta naïvement, dans un coin du cabaret, comment elle avait quitté sa mère.

— Si tu veux chanter avec moi, je te donnerai ton gîte, ton pain et ton luxe.

La joueuse de harpe s'émerveillait de plus en plus

de la beauté de Rosine ; elle calculait qu'avec une pareille compagne elle ferait fortune tous les jours.

— Je suis ta divine providence, poursuivit-elle ; sans moi, que deviendrais-tu ? car tu ne sais rien faire ; à moins que tu ne deviennes marchande de pommes ou d'allumettes.

— Moi ? dit Rosine en secouant ses tristes rêveries, j'aimerais mieux être marchande des quatre saisons que de chanter en pleine rue.

— Mademoiselle la chipie ! Quel enfantillage ! tu changeras d'idée ; en attendant, je veux bien pousser la bonne volonté jusqu'à te mettre en boutique ; je vais t'établir à mes risques et périls, car j'ai confiance en toi. J'ai là de quoi acheter un éventaire et une botte de violettes ; il manque depuis cet hiver une bouquetière sur le pont au Change. C'est entendu. Nous allons souper ici. Moi, j'irai ensuite jouer dans les cafés du quartier. Toi, si tu ne veux pas venir, tu iras te coucher là-haut, je te payerai ton lit. Dans deux heures je viendrai te rejoindre. Va comme je te pousse.

Rosine ne savait que dire. La joueuse de harpe lui fit apporter du pain, du jambon et une bouteille de vin. Rosine refusa d'abord de manger ; mais il y avait si longtemps qu'elle n'avait été d'un pareil festin, qu'elle se laissa gagner, tout en s'indignant contre la faim.

— Maintenant, dit la joueuse de harpe en se levant pour partir, je vais faire un tour dans le voisinage; attends-moi ici, ou monte là-haut : le cabaretier t'indiquera mon lit.

— Je vous attendrai, dit Rosine, ne sachant pas encore ce qu'elle devait faire.

Elle demeura une demi-heure à réfléchir tristement devant la table encore servie. Tout d'un coup elle se leva et sortit du cabaret. Elle reprit, avec un doux battement de cœur, le chemin de la maison paternelle. Mais, près de rentrer, le courage lui revint.

— Non, non, dit-elle, je remonterai là-haut quand je pourrai y porter de l'argent.

Elle retourna au cabaret. La joueuse de harpe était couchée.

— Ah! te voilà, dit-elle. A la bonne heure! je comptais sur toi. Demain je t'installerai sur le pont au Change. Viens te coucher.

— Et un lit? dit Rosine timidement.

— Un lit! Et le mien? Dieu merci, il y en a qui ne font pas tant de façons! Mademoiselle couchait sur des roses, sans doute!

Rosine regardait avec désespoir le lit mal hanté que ne protégeaient ni le buis du dimanche des Rameaux ni l'image de la sainte Vierge, ce lit d'hôpital et de cabaret qui donnait envie de coucher sur la paille.

— Si l'oreiller n'est pas assez relevé, tu feras comme moi, poursuivit la Harpie, tu y mettras ta bouteille.

— Ma bouteille?

La Harpie prit une bouteille sous son oreiller.

—Tiens, voilà le paradis jusqu'à l'heure de l'enfer. Quand je m'endors, je bois, et, quand je me réveille, je bois. Il ne faut jamais que la raison ait prise sur nous.

Rosine, qui ne savait rien de la vie, se coucha tout habillée et presque résignée sur le lit de la Harpie. Mais, avant de s'endormir, elle pensa que, sous le beau ciel où était Dieu, il y avait de plus dignes créature que la joueuse de harpe.

VII

LE CAPITAL D'UNE MARCHANDE DE BOUQUETS

— Eh bien, voilà l'aurore qui écarquille les yeux, dit la Harpie en réveillant Rosine au point du jour.

Elles descendirent le quai. Rosine silencieuse et résignée, la joueuse de harpe babillant comme une pie, cherchant à répandre à petites doses le poison dans ce jeune cœur, qui n'avait d'autre défense que ses nobles instincts.

Elles traversèrent la Cité pour acheter des violettes au quai aux Fleurs. Le marché fut bientôt fait : pour cent sous, la joueuse de harpe eut un éventaire, une botte de violettes, une botte de feuillage, une pelote de fil et une médaille d'emprunt.

Elle conduisit Rosine sur le pont.

— Voilà ton affaire, lui dit-elle d'un air victorieux. Tu as une jolie voix, tu n'as qu'à parler pour faire *flores*, surtout avec ton miroir aux alouettes. Que tes bouquets soient joliment épanouis, qu'ils soient faits de rien, car c'est plutôt ton sourire qu'on achètera que tes fleurs.

— Je ne veux vendre que des bouquets, dit Rosine d'un air digne et naïf.

— Allons, ne te fâche pas. Souffle dans tes doigts, et promène-toi de long en large, car il fait froid aujourd'hui. Pour moi, je vais continuer ma chanson, comme le Juif errant, n'ayant pas plus le sac que lui. A la brune, je viendrai te prendre pour t'emmener souper avec mes cinq sous. Mais n'oublie pas que je t'ai dotée d'un capital qui doit me rapporter cent sous par jour.

La joueuse de harpe s'éloigna sur ces paroles, en pensant que c'était de l'argent bien placé. Restée seule, Rosine respira plus à l'aise. Elle dénoua les violettes et le feuillage, cassa un bout de fil sous ses petites dents blanches et fit son premier bouquet. Le bouquet fait, elle le trouva si joli, il y avait si longtemps qu'elle rêvait au plaisir d'acheter une simple fleur, qu'elle oublia un instant que son premier bouquet était fait pour être vendu : elle le mit sans façon à son corsage. Jamais femme du monde ne mit une parure de diamants avec un plus doux plaisir. En voyant les violettes à sa gorge, Rosine oublia presque son chagrin, un doux sourire s'épanouit sur sa figure.

— Le bonheur doit sentir les violettes, murmura-t-elle.

VIII

COMMENT UN ÉTUDIANT BLOND
CUEILLIT
LE PREMIER BOUQUET DE VIOLETTES

A peine Rosine eut-elle si bien placé son premier bouquet qu'un grand garçon un peu dégingandé, avec une certaine tournure chevaleresque, s'arrêta devant elle en fouillant dans la poche de son habit.

— La belle bouquetière, donnez-moi un bouquet.

— Je n'en ai point de fait, dit Rosine en rougissant sans oser lever les yeux.

— Eh bien, j'attendrai; avec une si jolie fille, on

ne perd pas pour attendre. Pourtant, si vous vouliez me donner celui que vous avez là?

Disant ces mots, le jeune homme toucha doucement le corsage de Rosine. Elle leva les yeux d'un air offensé.

— Ah! c'est vous! s'écria-t-elle avec entraînement.

Elle devint plus rouge encore; elle soupira et laissa tomber les violettes qu'elle avait à la main.

Elle venait de reconnaître l'étudiant de la rue de la Harpe.

— Hélas! pensa-t-elle, il ne m'a pas reconnue, lui!

En effet, l'étudiant avait presque oublié cette jolie figure, qui l'avait frappé et séduit dans la sombre rue des Lavandières.

Cependant, dès que Rosine leva ses beaux yeux veloutés, il la reconnut aussi.

— Je suis enchanté de la rencontre, car nous sommes de vieux amis; à ce titre, vous ne pouvez me refuser le bouquet que voilà.

Il avança encore la main pour cueillir le bouquet.

— Attendez donc, lui dit-elle avec un charmant sourire.

Elle prit elle-même le bouquet et l'offrit au jeune homme.

— Quel bon parfum de jeunesse! dit-il en le portant à ses lèvres avec ardeur.

Il avait déposé une petite pièce de cinq francs sur l'éventaire.

— Adieu, reprit-il en s'éloignant, ou plutôt au revoir, car je passe souvent sur ce pont, qui va devenir pour moi le pont des soupirs.

Il revint sur ses pas sans s'inquiéter des curieux qui s'amusaient à cette comédie.

— Ma pauvre enfant, vous allez mourir de froid ici. Que diable! on ne se fait pas bouquetière en janvier. Je ne suis pas dans l'habitude d'enlever les femmes; cependant vous savez que je vous offre mon hôtel garni et mon cœur, — rue de la Harpe, n° 50, hôtel de Paris. Vous demanderez M. Edmond La Roche, — vingt-trois ans, — quasi magistrat, — en un mot un homme sérieux.

— Si vous me parlez de cette façon, monsieur, je ne vous vendrai plus de violettes.

— Vous me les donnerez. Adieu!

Cette fois, Edmond La Roche s'éloigna pour tout de bon; cependant il se retourna avant de perdre de vue Rosine pour lui faire un signe de main. La belle bouquetière, qui l'avait suivi du regard, ne put s'empêcher de lui faire un signe de tête. Elle se remit à l'œuvre avec un rayon de joie dans l'âme. L'amour était venu pour elle, l'heure d'aimer sonnait son gai carillon. Tout en faisant ses bouquets, elle se rappelait mot à mot tout ce que lui avait dit l'étudiant. Elle le voyait sans cesse, avec son manteau à l'espagnole fièrement et négligemment jeté sur son épaule, ses grands cheveux blonds ébouriffés, sa fine moustache, ses traits un peu sévères, qui contrastaient si bien avec sa façon railleuse et gaie de parler amour.

— Si j'osais ! dit-elle en soupirant.

Quand Rosine eut noué trois ou quatre bouquets, il lui vint un autre chaland : c'était encore un étudiant ; mais celui-ci avait une belle fille à son bras. Ils allaient follement par la ville, d'un air sans souci, dans toute la liberté de la jeunesse et de l'amour. Le jeune homme prit un gros sou dans son gilet, le mit dans la main de la bouquetière et choisit sans façon son bouquet.

— Tiens, Indiana, dit-il à sa compagne, voilà ton bouquet de mariée.

— Après le mariage, dit Indiana.

Rosine ne comprit pas.

— D'où vient, se demanda-t-elle, que ce jeune homme ne me va pas comme l'autre ?

Il y avait plusieurs bonnes raisons : Edmond La Roche était le premier venu ; il allait sans compagnie, il n'avait eu garde de lui glisser un gros sou dans la main.

— Au moins, dit-elle, il ne m'a pas payé le bouquet, lui.

Elle achevait à peine ces paroles, quand elle découvrit, en détournant ses violettes, la petite pièce d'or.

— Oh ! mon Dieu ! dit-elle en pâlissant, je ne lui ai pas rendu la monnaie de sa pièce. Comment faire ?

Après avoir un peu réfléchi, elle reprit en souriant :

— Je suis bien sûre qu'il reviendra, et alors...

Elle vit au bout du pont l'autre étudiant et sa maîtresse qui avaient l'air de danser en marchant, soit par accès de folle gaieté, soit pour mieux braver le froid, car ils étaient court-vêtus.

— Où vont-ils ainsi ? se demanda Rosine. On est donc bien heureux quand on n'est pas seul ?

Rosine en était là de sa rêverie amoureuse, quand la joueuse de harpe vint lui rappeler son infortune en se présentant devant elle, comme un créancier impitoyable qui n'attend pas même l'heure de l'échéance.

— Eh bien, mademoiselle Printemps, combien as-tu vendu de bouquets ?

— Deux, répondit Rosine en tremblant; et encore on ne m'en a payé qu'un.

La joueuse de harpe se fâcha tout rouge.

— Tu es une sotte! Si j'avais tes vingt ans et ton minois, j'aurais déjà vendu et revendu toutes mes violettes; mais toi, tu es là comme une statue, sans desserrer les dents! C'est bien la peine d'avoir des dents de loup, c'est bien la peine d'avoir de la figure! On sourit, on jase, on chante, on pipe son monde.

— Je vois bien que je n'entends rien à ce métier-là, dit Rosine avec orgueil : reprenez votre éventaire.

— Point tant de façons; tu es à mon service, tu n'auras pas d'autre volonté que la mienne.

Et, disant cela, la joueuse de harpe secoua violemment Rosine. La pauvre fille, indignée, dénoua le ruban fané qui retenait l'éventaire.

— Voilà votre bien, dit-elle en pleurant; moi, je ne suis à personne.

L'éventaire tomba; la joueuse de harpe se mit en ureur; Rosine, effrayée, s'enfuit sans savoir où elle allait.

IX

L'ÉCOLE DES MŒURS

Où aller dans ce pays perdu? Elle marcha comme chassée par le vent. Voyant le portail de Notre-Dame, elle en franchit le seuil avec un doux battement de cœur. Elle alla droit à l'autel de la Vierge, et pria la mère de Dieu de lui montrer son chemin.

— Du moins, pensait-elle, je suis dans la maison de Dieu, je n'ai rien à craindre; on est ici à l'abri de toutes les mauvaises passions; ceux qui aiment Dieu sont protégés dans son église.

Elle s'était remise à prier, quand une vieille femme vint lui demander brusquement deux sous.

— Deux sous! dit Rosine effrayée.

— Oui; il faut bien que mes chaises soient payées.

— Je n'ai pas pris vos chaises; voyez, je suis à genoux.

— Oui, mais à genoux devant une chaise.

— O mon Dieu! s'écria Rosine, je croyais pouvoir prier Dieu sans argent.

— Point d'argent?

— Non, madame.

— Vagabonde! ce n'est pas ici votre place!

Rosine se leva et s'éloigna.

— Une idée, dit la vieille.

Elle courut à Rosine.

— Écoutez, mon enfant, je ne suis pas si noire que j'en ai l'air. Voulez-vous que je vous donne des conseils?

Rosine, surprise, s'était arrêtée.

— Vous êtes bien jolie, poursuivit la loueuse de chaises; des minois comme le vôtre ne sont pas faits pour les déserts. Tenez, j'ai une fille qui cherche une femme de chambre; je crains bien que vous ne sachiez rien faire; mais vous pourrez vous entendre avec ma fille, qui ne fait rien. Allez chez elle de ce pas : madame de Saint-Georges, rue de Breda, n° 10.

— J'irai peut-être, dit Rosine en s'éloignant.

Tout en se promettant de ne pas suivre le conseil de cette vieille marchande du Temple, Rosine alla, d'après ses souvenirs et tout en demandant le chemin, vers la rue de Breda.

Arrivée devant la maison indiquée :

— Que puis-je risquer? dit-elle en tremblant; il sera toujours temps de chercher ailleurs.

Elle entra et demanda madame de Saint-Georges. Elle monta au second étage et sonna toute tremblante. Une femme de trente ans vint ouvrir avec humeur Voyant Rosine, elle voulut d'abord refermer la porte.

— C'est votre mère qui m'envoie, dit Rosine.

— Ma mère? laquelle, car j'ai été changée en nourrice.

— Votre mère m'a dit que vous cherchiez une femme de chambre.

— Elle est folle, et vous aussi.

Mademoiselle Georgine, — quelquefois madame de Saint-Georges, — éclata de rire. Trouvant la chose plaisante, elle prit la main de Rosine et l'emmena dans son boudoir, où un jeune homme jetait gravement

4.

des roses à une fille d'Opéra qui répétait son rôle de sylphide tout en fumant une cigarette.

— La plaisanterie passe les bornes, dit Georgine en entrant; ma mère m'envoie une femme de chambre.

— On dirait une figure de Greuze, dit le jeune homme; il ne lui manque guère qu'une cruche à casser. Votre mère est une femme d'esprit.

Rosine, rouge comme une cerise, voulut s'en aller; Georgine la retint.

— Vous êtes une enfant; vous ne savez donc pas rire?

— Non, madame.

— Eh bien, rassurez-vous, nous pleurons souvent.

Georgine, qui n'était pas belle, aimait la beauté. Il lui sembla que la compagnie de Rosine lui porterait bonheur. Elle la conduisit dans son cabinet de toilette et ouvrit une grande armoire, où étaient jetées en désordre des robes de toutes les façons et de toutes les couleurs.

— Voyez, dit-elle en secouant ces chiffons oubliés, choisissez et habillez-vous; après quoi nous verrons.

Rosine, demeurée seule, fut éblouie et effrayée par tout ce luxe qui avait fait son temps.

— C'est donc une duchesse? dit-elle de plus en plus émerveillée.

Et Rosine regarda autour d'elle pour voir si elle était bien seule. Elle aperçut son image réfléchie par trois ou quatre glaces.

— Après tout, dit-elle en s'avançant vers un portemanteau, je ne fais de mal à personne.

Elle détacha la première robe venue; elle essaya de la mettre et n'eut pas de peine à y réussir. Dès que la robe fut agrafée, Rosine, qui ne s'était pas perdue de vue dans le miroir, se trouva plus jolie que jamais. C'était une robe de moire, un chef-d'œuvre de Palmyre. Rosine se ploya comme un roseau, monta sur une chaise, inclina le cou, croisa les bras sur sa gorge dans l'attitude d'une vierge; en un mot, elle prit, en moins de quelques secondes, une bonne leçon de grâce et de coquetterie.

— Ah! dit-elle presque avec regret, si ce monsieur de la rue de la Harpe me voyait comme je suis là!

Elle s'aperçut, tout en se trouvant charmante, que son petit bonnet n'allait plus à sa figure, ce pauvre et cher bonnet qu'elle avait brodé dans ses tristes veillées du dernier automne! — Elle le jeta de côté, et saisit un peigne d'écaille dont la vue lui fit battre le cœur.

— Elle se peigna avec délices; jamais elle n'avait pris tant de plaisir à tourmenter ses beaux cheveux.

Georgine vint la surprendre.

— Eh bien, mon enfant? — Mon Dieu, que vous êtes jolie!

Cette exclamation avait échappé à Georgine presque malgré elle.

— Vous croyez? dit Rosine tout effarée. C'est votre robe...

— Quels beaux cheveux! venez donc ainsi dans mon boudoir.

— Non, non, dit Rosine avec candeur, comme si elle se trouvait trop belle pour se montrer au grand jour.

Cependant Georgine l'entraînait sans trop de résistance.

— Voyez, dit cette fille en entrant dans le boudoir, voyez quelle métamorphose!

Le jeune homme se leva, frappé de l'éclat de cette jeune beauté.

— Voyez, il ne manquait qu'un cadre d'or à ce charmant portrait.

— Prenez garde, on enlèvera votre femme de chambre.

— M'enlever! s'écria Rosine.

— Il ne sait pas ce qu'il dit; ne l'écoutez pas.

— Est-ce qu'on enlève les femmes à présent? dit la danseuse, qui était au bout de sa pointe et de sa cigarette.

— Est-ce qu'on ne m'a pas enlevée, moi? dit Georgine avec dignité.

— Oui, dit l'autre, dans un omnibus qui allait de l'Opéra à l'Odéon. Je m'en souviens, j'étais de la partie. Et nous n'étions pas belles comme Rosine.

— Allons, Olympe, respectez-moi devant mes gens.

— Tes gens! tu te figures que cette jolie fille va rester à ton service?

— Oui, mademoiselle, dit Rosine avec un accent de fierté; je servirai madame de Saint-Georges de tout mon cœur.

— Je ne veux pas contrarier une fille d'aussi bonne volonté; mais je ne vous donne pas deux jours à vivre ensemble.

— N'écoutez pas cette folle, dit Georgine en conduisant Rosine dans la salle à manger. Vous vous tiendrez ici; voilà une corbeille pleine de chiffons, prenez des aiguilles et travaillez comme une fée, si vous en êtes une.

Rosine se mit à l'instant même à faire une reprise à un fichu de dentelle.

— Très-bien! dit Georgine enchantée, quand les visiteurs furent partis. Nous nous entendrons à merveille; je suis une bonne fille, trop paresseuse pour être exigeante. Il n'y a pas grand'chose à faire ici. Ma cuisine est au café Anglais. Le matin vous m'habillerez; vous arroserez les fleurs de la jardinière; vous roulerez de temps en temps des cigarettes. Le soir, quand je vous le dirai, vous viendrez me chercher à l'Opéra.

— A l'Opéra?

— Oui. Vous voyez que tout cela n'est pas bien difficile.

— Mais c'est une vie de conte de fées! dit gaiement Rosine.

— Oui, vue d'un peu loin; mais ne parlons pas de cela.

Rosine croyait avoir ouvert la porte des paradis perdus. Pour elle, qui était curieuse comme toutes les femmes, — plus curieuse, puisqu'elle n'avait rien vu — chaque jour, chaque heure, chaque seconde, lui révélait un coin de ce tableau charmant et triste, lumineux et sombre, où s'ébattent les passions profanes.

Une semaine se passa. Rosine avait vu venir chez la

choriste les femmes les mieux habillées et les hommes les plus galants, suivant son expression. Elle ne dormait plus; elle était dans un nouveau monde, dont elle comprenait à peine la langue. Dans les rêves de son mauvais sommeil, elle se voyait à son tour parée, fêtée, aimée, belle de toutes les beautés, heureuse de toutes les ivresses.

X

LA LÉGENDE

Comme elle s'éveillait de bonne heure, selon sa coutume familiale, et comme madame de Saint-Georges ne s'éveillait qu'à midi, Rosine lisait toute la matinée les livres qui lui tombaient sous la main. Ce n'étaient ni la Bible ni l'Évangile. C'étaient des romans qui l'initiaient à la vie parisienne, à toutes les belles folies de ce paradis infernal pavé de mauvaises intentions.

Un jour qu'elle était presque décidée à se jeter tête perdue dans le tourbillon, elle fut ramenée à la dignité de son cœur par la lecture de cette petite légende.

Comme dit le poëte : « Il faut une chaîne d'or pour entraîner une fille au démon, il ne faut qu'un fil de la Vierge pour la ramener à Dieu. »

I

Voyez-vous là-bas cette jolie fille, si parée avec sa méchante robe, comme elle allume à ses yeux le regard des passants?

C'est Madeleine.

Voyez-vous, plus loin, cette franche et simple beauté, haute en couleur comme les roses, — ou plutôt comme le vin de Bourgogne?

C'est Jeanne.

II.

Où vont-elles, les deux sœurs? Elles vont où les entraîne leur poésie; car la poésie, c'est comme l'air : tout le monde en vit.

III

Jeanne va gaiement à la barrière retrouver son amoureux, un beau de la barrière, qui l'épousera bravement par-devant l'écharpe tricolore.

Elle sera battue et contente, la pauvre Jeanne! Elle souffrira toutes les douleurs de la maternité et de la misère, mais elle aimera son nid. — Elle aimera tous ceux qui auront déchiré son sein, elle aimera celui qui, deux fois par semaine, rentrera ivre, — ivre de vin violet! — et la battra si elle n'est pas en gaieté.

Elle aimera son homme et ses enfants, parce que Dieu sera avec elle.

IV

Et Madeleine, où va-t-elle ?

Elle va trouver un étudiant qui fume un cigare en retroussant sa moustache. Il lui achètera une robe à trente-six volants et un chapeau tout enguirlandé de fleurs et de dentelles. Après quoi, ils iront danser ensemble à la Closerie des Lilas, — après quoi, ils iront souper ensemble, — après quoi, — ils n'iront pas voir lever l'aurore...

Après quoi elle ira partout, excepté chez elle; car ce premier lit que protégeait le rameau de buis, sa sœur seule y reviendra.

V

Madeleine, comme l'enfant prodigue, dépensera tous les trésors de son cœur et de sa jeunesse, sans jamais trouver un homme qui l'aimera bravement — aujourd'hui et demain !

Elle courra toujours pour se fuir elle-même, parce que Dieu ne sera pas avec elle.

VI

Et un jour elles se rencontreront, les deux sœurs. Et, en se voyant demi-nues, — Madeleine demi-nue pour l'amour, Jeanne demi-nue pour l'amour maternel, — la mère féconde dira à la femme stérile, comme la voix de l'Écriture :

« Tu n'as embrassé que le vent et tu n'as écrit ton nom que sur les flots. Cache, cache tes seins flétris; moi, je les montre avec fierté, car j'y vois encore les lèvres de mes onze enfants. »

Rosine se souvint de sa mère, pleura beaucoup, et jura de vivre dans la vertu.

XI

LA ROBE DE SOIE A VOLANTS

Quoique Rosine n'eût point l'habitude de chercher à surprendre les secrets, un matin, ayant à parler à Georgine, elle s'arrêta à la porte du boudoir un peu retenue, il est vrai, par la crainte d'importuner. Elle entendit prononcer son nom. Georgine était avec son ancienne compagne d'aventures, mademoiselle Olympe, qui lui parlait d'une promenade à Saint-Germain.

Voilà ce que Rosine entendit :

— Oui, ma chère, M. Octave, celui-là qui fleurit tous les jours sa boutonnière d'un camellia, depuis qu'il a vu Rosine, en est affolé; il veut à toute force la prendre pour sa maîtresse.

— Quelle idée!

— Comme il espère que tu seras favorable à ses projets, il te donne ce bracelet.

— Crois-tu que les pierres ne soient pas fausses?

— Es-tu bête! Octave est un homme comme il faut. C'est décidé? n'est-ce pas? nous allons toutes les trois à Saint-Germain, où ces messieurs ont une maison de campagne; attiffe Rosine avec coquetterie, fais-la coiffer et donne-lui ton collier de perles fausses.

Rosine s'éloigna avec indignation. Elle comprit que, grâce à sa figure et à sa pauvreté, sa vertu ne serait nulle part à l'abri; que le mauvais esprit la reconnaîtrait et la suivrait toujours, soit qu'elle se couvrît de haillons, soit qu'elle se couvrît de soie, de dentelles et de bijoux. Elle se mit à pleurer.

— Je n'irai pas à Saint-Germain, dit-elle en essuyant ses larmes.

A peine avait-elle dit ces paroles, que Georgine, venant à elle, lui ordonna de se coiffer et de s'habiller pour l'accompagner dans une promenade à la campagne.

— Hâtez-vous, ajouta Georgine; mettez ma robe de

soie verte à volants. A propos, j'ai là un collier de perles qui vous ira bien; je vous le donne.

Disant cela, Georgine passa le collier au cou de Rosine, qui ne savait que répondre. La pauvre fille alla dans le cabinet de toilette dont elle avait fait sa chambre, bien résolue de ne point s'habiller. Mais elle ne put s'empêcher de voir un peu dans une glace quelle figure elle faisait avec le collier.

— Hélas! dit-elle, c'est dommage, car cela me va si bien!

Rosine voulut détacher le collier; mais le diable y avait mis la main; elle demeura longtemps devant le miroir, égarée par mille songes dangereux.

— Pourquoi dirais-je non? murmura-t-elle. Dieu m'en voudra-t-il parce que j'aurai pris un peu de place au soleil?

Et comme elle songeait au complot formé contre elle :
— Non, non, jamais à ce prix-là !

Elle saisit le collier et le jeta sur le tapis.

— Eh bien, Rosine, avez-vous fini? lui cria sa maîtresse.

— Oui, madame. — Que vais-je devenir? se demanda Rosine. — Une idée! c'est Dieu qui me l'envoie !

Elle ouvrit une armoire où elle avait déposé ses pauvres habits.

— Hélas! dit-elle en les dépliant, est-ce que je pourrai jamais remettre ces habits-là? c'est impossible! on me suivrait dans les rues. Quoi! je suis venue ici avec ces haillons?

On ne perd jamais l'habitude du luxe, mais on se déshabitue si vite de la misère! Rosine soupira.

— O ma mère! dit-elle en baisant sa robe d'indienne avec respect.

— Eh bien, vous êtes donc folle? dit Georgine sur le seuil; je vous attends. Que signifie tout ce désordre?

— Je ne puis pas parvenir à m'habiller, dit Rosine.

— La niaise! Voyons, laissez-vous faire. Olympe, viens donc à notre aide.

Les deux amies s'empressèrent d'habiller Rosine. En moins de dix minutes, elle fut parée de la tête aux pieds.

— Vous voilà belle comme une mariée, dit Olympe.

— Une mariée! murmura-t-elle tristement.

XII

DU DANGER QUE COURUT LA VERTU DE ROSINE

Mademoiselle Georgine ne craignait pas de faire le mal. Avec cette belle idée qu'elle avait été changée en nourrice, elle espérait qu'au jour du jugement dernier sa sœur de lait porterait le poids de ses péchés, tandis qu'elle recueillerait la récompense des vertus de la mère de famille, car l'autre s'était mariée et faisait souche.

Mademoiselle Georgine, mademoiselle Olympe et Rosine sortirent toutes les trois, préoccupées de sentiments divers. Elles descendirent à la rue Saint-Lazare, devant aller à pied jusqu'au chemin de fer. Les deux amies se prirent par le bras; Rosine les suivit, d'abord pas à pas, ensuite à légère distance; bientôt, fière et résolue, elle s'envola comme un oiseau qui recouvre la liberté.

Où alla-t-elle?

Elle descendit la rue Laffitte. Sur le boulevard, ne sachant plus son chemin, elle s'approcha d'un Auvergnat et lui demanda tout en rougissant, comme si elle lui eût confié un secret :

— Où est la rue de la Harpe?

Mais, quand Rosine arriva devant la rue de la Harpe, elle s'arrêta, croyant qu'elle n'aurait pas le courage d'aller plus loin.

— Mon Dieu! dit-elle en regardant l'hôtel de Paris, si je ne vais pas là, où irai-je?

Elle avança lentement, pâle comme la mort, aveuglée par mille visions flottantes. Elle ne remarqua pas un élégant coupé à deux chevaux en station devant l'hôtel, ce qui était un événement dans la rue. Les étudiants venaient d'ouvrir leur fenêtre pour chercher à découvrir le secret de cette visite. Ils avaient déjà échafaudé vingt romans fort compliqués.

Avant d'entrer, Rosine leva la tête, comme si son

regard dût avertir Edmond La Roche. Elle fut très-confuse de voir aux fenêtres toutes ces figures insouciantes, couronnées d'un nuage de fumée.

Elle avait à peine regardé ; cependant elle se dit :

— Il n'est pas à la fenêtre.

Elle avança le pied sur le seuil de la porte. Elle était éblouie et ne savait plus bien où elle allait.

Au pied de l'escalier, elle demanda d'une voix étouffée M. Edmond La Roche.

— Numéro 17, lui répondit-on.

Elle s'égara durant quelques minutes; elle monta d'abord trop haut, elle redescendit trop bas; enfin le numéro 17 frappa ses yeux dans l'ombre comme des traits de feu.

— S'il n'était pas seul! dit-elle avec terreur.

Elle écouta. Cet hôtel de la rue de la Harpe est un des plus agités du quartier, — à toute heure du jour, — souvent à toute heure de nuit, — on y vit bruyamment; ce n'est pas dans le pays latin que l'étude et l'amour aiment le silence. Rosine entendit donc des cris, des chansons, des éclats de rire. Il lui fut impossible de reconnaître si l'on parlait dans la chambre d'Edmond La Roche.

Enfin, elle frappa légèrement et écouta avec anxiété;

on la fit attendre; elle allait frapper une seconde fois, quand elle distingua un bruit de pas.

Presque au même instant Edmond La Roche, vêtu d'une longue robe de chambre à la chinoise, vint ouvrir en homme tout disposé à renvoyer la visite à des temps meilleurs.

— C'est moi! dit-elle naïvement.

Il ne reconnut pas la marchande de violettes sous sa brillante métamorphose.

Toute consternée par un pareil accueil, Rosine n'osait pas entrer.

— Je suppose, dit l'étudiant, que vous vous trompez de porte; il y en a tant ici, permettez-moi de vous indiquer votre chemin.

— Mon chemin? est-ce que je le sais moi-même? Pardonnez-moi de venir pour si peu : voilà, monsieur, une pièce d'or que vous avez oubliée, il y a huit jours, sur mon éventaire... quand j'étais bouquetière sur le pont au Change...

Tout en disant ces mots, Rosine prit la petite pièce et la présenta à Edmond La Roche, qui ne comprenait encore que vaguement.

Comme elle avait reculé d'un pas, un rayon de lumière vint frapper sa figure.

— Ah! c'est vous, dit Edmond La Roche avec un sourire inquiet; comme vous êtes devenue belle! Est-il possible! je n'y comprends rien; mais à Paris est-ce qu'on a le temps de comprendre?

Il prit la main de Rosine et la conduisit à deux portes plus loin.

— Où allons-nous? demanda timidement la jeune fille.

— Attendez, répondit-il en frappant; que ceci ne vous inquiète pas. C'est mon meilleur ami, car je ne suis pas seul, j'ai une visite dans mon cabinet. — Eh bien! — on ne répond pas. Diable!

Il attendit en silence, sans trop s'impatienter, quelques secondes encore.

— Mais, monsieur, expliquez-moi...

— Tant pis, poursuivit-il, comme en se parlant à lui-même, retournons par là.

Il reconduisit Rosine à la porte de sa chambre. Elle entra sur un signe.

— Tenez, asseyez-vous devant le feu. Comme vous êtes jolie! morbleu! quels atours! on ne change pas si subitement sans quelque baguette enchantée. — Ah! fille d'Ève, quel a donc été le démon? — Je vous en veux beaucoup de n'être pas venue me charger du soin trop doux de vous habiller ainsi.

Edmond La Roche disait toutes ces choses sans parler trop haut, d'un air tout à la fois curieux et distrait.

— Écoutez-moi, dit Rosine, car il faut que vous sachiez toute la vérité. Ne commencez point par me condamner. Ces beaux habits qui vous offusquent ne sont pas à moi.

Elle baissa la tête pour cacher sa rougeur.

— Vous me raconterez cela plus tard, dit Edmond La Roche.

— Non, tout de suite, car vous avez l'air de douter...

— Allons, allons, se dit Edmond La Roche avec un peu d'impatience, cela devient trop édifiant. Elle va me raconter l'éternelle histoire qu'elles racontent toutes. Encore, si Caroline n'était pas là, je pourrais bien prendre le loisir d'écouter.

— J'aurai bientôt fini, poursuivit tristement Rosine. Vous ne connaissez pas madame de Saint-Georges ? J'ai passé huit jours chez elle sans savoir où j'étais. Voyez à mes habits ce qu'elle voulait faire de moi : on m'appelait déjà la *mariée*. Ces habits que j'ai là sont ma première, mais ma seule faute. Ils ne sont pas à moi, mais je n'ai jamais eu la force de reprendre ceux que je portais quand vous m'avez rencontrée. On voulait me parer pour un autre, j'ai gardé les habits et je suis venue ici.

On n'avait jamais conté une histoire avec une plus simple éloquence. C'était la vérité qui parlait.

— Oh! oh! pensa Edmond La Roche en regardant la porte de son cabinet. Voilà un jour de noces qui se présente mal.

— C'est Dieu qui m'a conduite, poursuivit Rosine en rougissant. — N'est-ce pas, monsieur, que vous me sauverez? car je vous aime, vous.

Disant ces mots, elle baissa la tête et essuya ses larmes.

Edmond La Roche lui prit la main, la regarda avec admiration, et, avec l'accent d'un cœur profondément ému, il lui dit :

— Vous voulez que je vous sauve? — Je vous aimerai.

Un silence suivit ces paroles. Rosine porta la main à son cœur comme pour empêcher l'étudiant d'entendre qu'il battait fort.

— Voyez, reprit le jeune homme, voilà notre nid. Tout ce que j'ai est à vous, poursuivit-il en raillant un peu.

Il indiquait du doigt quelques meubles surannés d'hôtel garni.

— Mais, reprit-il en traînant son unique fauteuil devant Rosine, que faut-il pour être heureux? Du temps à perdre. Le bonheur, c'est le temps perdu de la jeunesse.

XIII

LES JEUX DE L'AMOUR ET DE LA DESTINÉE

Rosine ne voulut pas s'asseoir; elle s'approcha de la cheminée et présenta devant le feu la pointe de ses petits pieds.

Elle regardait à la dérobée la chambre de l'étudiant. C'était une chambre garnie — d'hôtel garni : un lit, un fauteuil, une chaise, une commode et une table. Des livres de droit étaient épars depuis la porte jusqu'à la fenêtre; deux gravures anglaises ornaient les murs revêtus d'un papier bleu, à légers ramages. Le manteau de la cheminée était sillonné de pipes; la commode était chargée de chiffons, de cravates et de gants. Le désordre de cette chambre attestait un esprit distingué et paresseux qui n'avait pas trop de temps pour étudier, pour rêver à sa fenêtre ou pour vivre.

— Ah! pensait Rosine, comme je serais heureuse de mettre ici tout à sa place!

Edmond La Roche, tout inquiet qu'il fût, ne se lassait pas d'admirer la jeune fille.

— Que vous êtes jolie! je ne saurais vous dire combien je suis heureux de vous voir si près de moi! Ces beaux cheveux ondés, comme il serait doux de les dénouer!

Disant cela, le jeune homme dénoua adroitement le chapeau de Rosine. Elle leva les yeux et le regarda tendrement. Ce regard trop doux troubla violemment Edmond La Roche; il oublia qu'il n'était pas seul avec Rosine; il allait la saisir à la ceinture et l'appuyer sur son cœur quand un léger bruit se fit entendre.

Il regarda la porte de son cabinet.

— Il y a quelqu'un ici! dit Rosine en pâlissant. Ah! monsieur, il fallait ne pas m'ouvrir la porte.

L'étudiant garda le silence. Deux sentiments opposés vinrent agiter son cœur. Il ne savait plus comment accueillir cette belle fille qui, dans toute sa candeur charmante, venait se réfugier sous son toit. L'amour n'aime pas toujours à prendre ce qu'il a sous la main, Edmond Laroche eût été heureux d'entraîner Rosine le jour où il la rencontra dans la rue des Lavandières. On est accoutumé, par tradition, à ces aventures-là dans le pays latin; mais, quand par hasard on rencontre une passion plus grave et plus digne, on se réveille aux nobles instincts, on sent tressaillir son cœur, on s'élève jusqu'au divin sentiment. Le jeune homme ressentait pour Rosine plus d'amour que de passion; il songeait qu'il lui serait plus doux de la protéger que de la perdre.

Rosine, se détachant de la cheminée, s'était tournée vers la porte d'entrée sans perdre de vue la porte du cabinet.

— Cependant, pensa Edmond La Roche, comme elle l'a dit dans sa sainte ignorance, l'amour seul peut la sauver. Avec un autre, c'est une fille perdue, avec moi...

— Je m'en vais, dit Rosine.

La porte du cabinet s'ouvrit brusquement. Une jeune dame, fort élégamment vêtue, vint droit à Rosine.

Celle-ci s'arrêta.

— O mon Dieu! je suis perdue! murmura-t-elle.

Et elle se laissa tomber presque évanouie dans les bras d'Edmond La Roche.

La jeune dame lui fit respirer des sels.

— Ne tremblez pas ainsi, mademoiselle, revenez à vous.

L'étudiant soutenait Rosine dans ses bras.

— Oh! madame, dit-elle en rouvrant les yeux, je suis bien coupable; pardonnez-moi!... Si j'avais su...

Elle se détacha tout à fait d'Edmond La Roche.

— Maintenant, je sens que j'aurai la force de m'en aller.

— Pauvre fille! dit la jeune dame d'un air compatissant, où irez-vous?

— Où j'irai? c'est vrai; je ne sais pas où j'irai; mais je ne veux pas rester ici plus longtemps, car je comprends bien...

Elle regarda tour à tour le jeune homme et la jeune dame.

— Pourtant je suis plus jolie, pensa-t-elle.

— Vous ne comprenez pas du tout, car je suis la sœur d'Edmond.

— Sa sœur! vous êtes sa sœur?

Rosine se jeta tout éperdue dans les bras de la nouvelle venue, soit parce qu'elle était la sœur de celui qu'elle aimait, soit parce qu'elle n'était pas sa maîtresse.

— Oui, je suis sa sœur, et vous voyez que j'ai raison de veiller sur lui. Ne vous offensez pas. Vous êtes une noble fille qui courez à votre perte; c'est moi qui vous sauverai, et non Edmond, qui se perdrait avec vous.

Rosine la regardait parler avec anxiété; Edmond ne savait quelle figure faire; il écoutait et attendait tout indécis.

— Je vais vous emmener dans mon coupé, reprit la jeune dame; je suis bien sûre que mon mari m'approuvera. Je ne sais pas encore ce que vous ferez chez moi; mais, soyez tranquille, vous n'y serez pas une servante; j'imagine que vous savez coudre, lire, jouer avec les enfants; les miens vous amuseront, et vous les amuserez, en attendant que je vous trouve quelque chose digne de vous.

— Je vous remercie, madame, dit Rosine avec reconnaissance, mais aussi avec tristesse; je suis prête à vous suivre et à aller où il vous plaira.

Rosine leva timidement les yeux sur Edmond La Roche.

— Adieu, lui dit-elle; oubliez que je suis venue ici...

— Adieu, dit-il en lui pressant la main. Peut-être, poursuivit-il en regardant sa sœur d'un air railleur, peut-être Rosine fera-t-elle bien d'attendre ici le sort que tu lui prépares.

— Allons, Edmond, ne rions pas des choses sérieuses.

— C'est assez comme cela, ma chère Caroline. Tu m'as fait beaucoup trop de sermons aujourd'hui. Encore, si tu ne m'avais fait que des sermons! Mais je te pardonne, car Rosine est une fille plus digne d'habiter sous ton toit que sous le mien.

Il embrassa sa sœur, pressa encore la main de Rosine et rentra sans les conduire, craignant d'être en spectacle pour les étudiants de l'hôtel.

Il alla ouvrir sa fenêtre pour voir encore Rosine; quand elle monta dans le coupé, il s'imagina qu'elle lèverait la tête comme par dernier signe d'adieu; mais elle se blottit dans son coin sans oser faire un mouvement.

Dès que la voiture s'éloigna, il ressentit cette vague tristesse qui nous saisit quand nous voyons partir pour un long voyage une personne aimée. Il dînait toutes les semaines une ou deux fois chez sa sœur; il pensa d'abord à y aller ce jour-là ; mais il fut retenu par une autre compagne d'aventure; car il ne vivait pas en anachorète; depuis six semaines il avait une maîtresse fort connue dans le pays latin sous le nom de la *Folie Amoureuse.*

La sœur d'Edmond veillait sur lui avec la sollicitude d'une mère. N'ayant pu le décider à habiter chez elle, rue Laffitte, elle venait de temps en temps le surprendre le matin, sous prétexte qu'elle passait dans le voisinage. Elle avait épousé un banquier très célèbre à la Bourse et à l'Opéra, — **M**. Bergeret. — Déjà quelques-unes des aventures de **M**. Bergeret avaient éveillé la curiosité des conteurs de chroniques. C'était un homme aimable, sans esprit, mais ne manquant ni d'entrain ni de bonnes façons. Ce jour-là, il avait dit à sa femme qu'il serait retenu fort tard pour les caprices du trois pour cent.

Madame Bergeret fit dîner Rosine avec elle et ses enfants. Elle lui promit que le lendemain elle s'occuperait de l'habiller plus modestement. La figure n'était pas en harmonie avec le cadre. Rosine avait hâte de se dépouiller de ce luxe de hasard qui, loin de l'embellir, tuait plutôt sa beauté. Le soir, madame Bergeret lui donna une petite chambre où Edmond s'était quelquefois couché au temps des bals de l'Opéra. Rosine s'y endormit heureuse, avec cette réflexion un peu embarrassante :

— Si, pourtant, j'étais à cette heure rue de la Harpe !

XIV

LE SERPENT AUX CAMELLIAS

Le lendemain elle se leva au point du jour, voulant elle-même habiller les enfants. Elle mit à cette œuvre gracieuse toute sa sollicitude. Rosine était si belle et si douce, que les enfants l'aimaient déjà comme s'ils la connaissaient de longue date. La beauté n'est jamais une étrangère.

A l'heure du déjeuner, madame Bergeret appela Rosine.

— Venez, dit-elle, asseyez-vous près de moi. Voilà mon mari, qui m'a promis de songer à vous.

Rosine leva les yeux; le mari laissa tomber sa fourchette.

— Ciel! murmura-t-elle toute pâle et toute bouleversée.

— Qu'avez-vous, Rosine?

— Rien! dit-elle en essayant de sourire. Je n'ai rien... j'avais oublié...

Elle sortit de la salle à manger, passa dans sa chambre, mit son chapeau et son mantelet, et, ouvrant une porte qui donnait dans l'antichambre, elle s'enfuit en toute hâte.

M. Bergeret n'était autre que M. Octave, renommé dans la rue de Bréda pour ses camellias et ses bracelets; M. Octave, qui, la veille, avait quitté sa femme et ses enfants pour aller dîner à Saint-Germain en folle compagnie, dans l'espoir d'y trouver Rosine.

Rosine avait compris qu'elle ne pouvait pas rester une seconde de plus en face du mari sans être forcée d'expliquer son trouble à la femme.

— Je suis bien malheureuse! dit-elle en se retrouvant dans la rue. Il ne me reste donc plus qu'à mourir?

Elle descendait la rue Laffitte sans se demander où elle allait. Comme elle marchait lentement, à chaque pas on la coudoyait. Arrivée sur le boulevard, elle s'arrêta à la vue de tout le luxe parisien qui s'étale de ce côté-là avec tant d'impertinence.

— Mourir! dit-elle encore.

Elle se demanda vaguement pourquoi elle ne pouvait prendre un peu de place dans la vie au milieu de tous ceux qui la coudoyaient. Elle marcha sans but durant quelques minutes. Distraite comme on l'est à son âge, elle se surprit toute prête à demander son chemin.

— Hélas! mon chemin! Où vais-je?

Elle suivait des yeux toutes les jeunes filles qui passaient à ses côtés.

— Où vont-elles, celles-là? Il y a une maison qui s'ouvrira pour elles.

Elle se perdait de plus en plus dans sa tristesse. Après avoir marché durant une demi-heure, elle s'aperçut avec émotion qu'elle avait pris sans y penser le chemin de la rue des Lavandières.

— Oui, dit-elle en se ranimant un peu, je reverrai mon père et ma mère; j'embrasserai les enfants; au moins, si je suis condamnée à mourir, j'aurai plus de courage pour le dernier coup.

XV

LA MALÉDICTION

En se retrouvant dans la rue des Lavandières, Rosine se rappela toutes les scènes de son enfance; l'horrible misère vint lui ressaisir le cœur; elle s'étonna d'avoir pu vivre si longtemps côte à côte avec la pauvreté, dévorant un morceau de pain mouillé de larmes.

— Oui, mourir; car je n'aurai jamais la force de vivre là-haut dans une pareille désolation.

Elle monta l'escalier, le cœur tout défaillant. Où était-il, ce cœur qui, la veille, dans l'escalier d'Edmond La Roche, battait avec tant d'espérance? La porte était ouverte; Rosine s'arrêta sur le seuil, toute pâle et toute chancelante. Sa mère était occupée devant la cheminée.

— Ma sœur Rosine! cria un des enfants.

— Rosine! dit la mère en se levant avec joie.

Elle courut à sa rencontre et lui tendit les bras.

— Comme te voilà belle! D'où viens-tu donc ainsi?

— C'est vrai, dit Rosine en regardant son mantelet avec un triste pressentiment, j'avais oublié...

Les enfants accouraient tous, curieux et surpris.

— C'est ma sœur Rosine! c'est ma sœur Rosine! criaient-ils gaiement.

Elle se baissa pour les embrasser. A cet instant, le tailleur de pierres descendit du grenier, où il repassait ses outils. Voyant Rosine ainsi parée, il détourna ses enfants, repoussa d'une main sa femme, saisit de l'autre main Rosine et la jeta rudement dans l'escalier.

— Va, fille perdue, lui dit-il, va-t'en porter ailleurs ta joie et tes fanfreluches! tout cela jure avec notre misère. Tu savais pourtant bien que, dans notre famille, on n'a jamais vécu que de son travail. Que dirait mon grand-père, un volontaire de 1792, qui a rapporté chez nous, en 1804, une des premières croix d'honneur?

L'indignation de ce père, qui se croyait déshonoré dans sa fille, fut si terrible et si éloquente, que la mère, qui avait compris, n'osa dire un seul mot pour défendre Rosine. Tous les enfants se blottirent en silence dans un coin de la chambre.

Quand Rosine se releva, elle entendit fermer bruyamment la porte.

— C'est fini! dit-elle avec un morne désespoir. J'aurais beau dire, mon père ne me croirait pas.

XVI

LA CHANSON

Rosine s'enfuit épouvantée.

— O mon Dieu! dit-elle, tout en faisant un signe de croix.

Rosine avait un vif sentiment de la religion chrétienne. Elle aimait les églises, elle aimait la prière qui fortifie et console, elle aimait à voir partir son âme en vagues aspirations vers le ciel. Mais, dans son morne désespoir, ne pouvant plus croire à son père, elle ne voulait plus croire à Dieu qui protége.

— O mon Dieu ! reprit-elle en sanglotant, vous ne me voyez donc pas?

Elle montait la montagne Sainte-Geneviève pour aller s'agenouiller à Saint-Étienne-du-Mont quand elle fut insultée par quatre étudiants qui, la jugeant à sa toilette extravagante, s'imaginaient rencontrer une fille de joie égarée loin de son quartier général.

— Elle est en bonne fortune, dit un des quatre compagnons en lui jetant au nez la fumée d'un cigare de deux sous.

— En bonne fortune ! dit un autre ; quel est celui d'entre nous qui pourrait payer un pareil luxe ?

Rosine, ne sachant où se cacher, se jeta dans la première porte ouverte : c'était un cabaret. Du cigare elle passa au brûle-gueule. Elle alla droit à une femme qui dînait dans l'ombre.

— Madame...

Elle reconnut la joueuse de harpe.

— Ah ! c'est toi ! Eh bien, tu n'as pas perdu ton temps. Te voilà devenue princesse du boulevard.

Les buveurs s'étaient approchés des deux femmes.

— Voilà du fruit nouveau, dit l'un.

— C'est du fruit défendu, dit la joueuse de harpe. Allez-vous-en boire ailleurs.

Et quand les buveurs furent retournés vers le comptoir :

— Conte-moi donc tes aventures? demanda-t-elle à Rosine.

— Mes aventures! mon père m'a jetée à la porte, indigné de me voir une pareille robe.

— Cette robe-là t'ouvrira toutes les portes. Et pourquoi as-tu une pareille robe?

— Pourquoi? Parce qu'on m'a habillée pour un voyage à la campagne.

— Je comprends : un voyage en partie double. Oh! quand j'avais vingt ans! Mais voilà mon amoureux!

Rosine vit arriver un homme jeune encore, qui portait sur son front dépouillé la couronne des mauvaises passions, ou plutôt le sceau de la débauche. C'était le petit-fils d'un des plus grands génies qui aient rayonné en France. « Moi, disait-il, je ne suis pas un écrivain célèbre, mais un écrivain public. Je fais parler les Chimènes et les Roxanes du carrefour. » Il vivait d'aumônes faites à son nom. Il avait inscrit, sur la première page de sa vie, non pas le mot *droit au travail*, mais le mot *droit des pauvres*. Il habitait presque toujours un tapis franc, sans respect pour son illustre aïeul, écrivant sur toutes les tables, entre deux vins et entre deux femmes, des suppliques à l'Empereur, au ministre, à tout le monde, où il demandait une obole sans vergogne, en signant d'un nom qui jusque-là n'avait demandé que l'admiration.

— Voilà de quoi dîner, dit-il en jetant sur la table un petit livre où il venait d'inscrire trois nouveaux noms pour tirer à vue.

Quand sa supplique ne réussissait pas, il allait en personne piper de quoi vivre chez les enfants prodigues ou chez les courtisanes célèbres. Il donnait impérieusement l'ordre d'annoncer son nom glorieux, il se présentait avec fierté, dévoilait ses titres de noblesse et finissait par demander cent sous. On pensait à son trisaïeul, et on lui donnait quelquefois vingt francs. Il s'était adressé d'abord aux gens du monde, à ceux-là qui donnent en comptant et qui raisonnent en donnant; il avait bientôt reconnu qu'il fallait frapper à la porte de ceux qui jettent l'argent par la fenêtre.

Le descendant du grand homme se fit apporter un *arlequin* qu'il arrosa d'un pot de vin bleu. C'était à peu près le même dîner que celui de la Harpie. Il offrit galamment à Rosine de partager avec lui et de boire à la même coupe. Rosine n'aurait pas bu un verre d'eau dans cet odieux cabaret, mais elle porta un verre à ses lèvres pour ne pas offenser la compagnie.

Cependant la Harpie avait, selon son expression, arrosé sa sécheresse avec de la rosée du bon Dieu. Elle « jaspinait » à bride abattue, familière, tapageuse, insolente. Après avoir injurié tout le monde, elle s'en prit à Rosine.

L'écrivain public se fit l'avocat de la jeune fille en l'enlaçant dans ses bras ; ce que voyant, la Harpie se jeta sur lui.

— Je vais te tordre et te trépigner, si tu ne finis pas !

La Harpie saisit un couteau sur la table. Son amant lâcha Rosine pour s'armer d'une chaise ; mais Rosine désarma la joueuse de harpe en posant sa belle main sur le couteau.

On se remit à table. Rosine voulait toujours s'en aller ; mais où aller ?

— Vous qui avez fait les délices des opéras, comment avez-vous pu survivre à une pareille métamorphose? demanda Rosine à la Harpie.

— Je suis tombée du haut en bas par une pente douce ; M. de Lamartine appelle cela la chute d'un ange. Je suis allée, sans y penser, de chute en chute, de l'Opéra aux Folies-Dramatiques, du carrosse au fiacre, de la marchande de modes à la marchande à la toilette. Tu verras cela, mon ingénue. On va, on va, on va, toujours; on monte sans y croire, c'est comme un conte de fées; on descend de mal en pis sans regarder derrière soi. Ah! moi aussi, j'ai eu des strafilades d'appartements!...

— Avec des portes d'excommunication, dit l'amant de la Harpie; — car il avait de la littérature.

— Ne rions pas; j'ai eu le vent en croupe. Il y en a plus d'un qui m'a fait des rentes sur le Grand-Livre, sans compter les rentes voyagères. Par malheur, il y avait des usuriers-fruitiers.

— C'était le temps des argents de change, dit le descendant du grand homme pour s'élever à la hauteur de sa maîtresse.

— Oui, mon cher, cela valait mieux que des liaisons d'écriture, car, avec tout ton génie, tu n'as pas de quoi me verser un feu d'artifice.

Et la Harpie ajouta en tendant son verre :

— Quand je pense qu'il y a huit jours que je n'ai vu trente-six chandelles!

Au dessert, la Harpie prit sa harpe et se mit à chanter, pour son amant, pour Rosine et pour la galerie, cette chanson que lui avait rimée un poëte bohême :

LA CHANSON DE LA HARPIE.

Comme la nocturne araignée
Je vais filant mes tristes jours.
Car ma figure renfrognée
Sert d'épouvantail aux amours.

On m'adorait, on me dédaigne,
Et je n'ai plus ni feu ni lieu ;
Mon cœur est mort, ma lèvre saigne
Au verre ébréché de vin bleu.

Le jour on m'appelle Harpie,
Ma pâleur donne des frissons ;
Mais la nuit, Vénus assoupie,
Je pipe encore à mes chansons.

MORALITÉ.

Apporte la bouteille, ogresse,
Ton vin me rendra mes vingt ans ;
Verse, verse, verse l'ivresse,
J'ai peur de voir passer le temps !

Quand la nuit fut venue, Rosine sortit du cabaret et descendit vers la Seine. Elle s'arrêta longtemps sur le pont Notre-Dame, résolue à se jeter à l'eau. Elle s'appuya sur le parapet et regarda les vagues légères soulevées par un grand vent d'ouest. Les rares passants regardaient avec quelque surprise cette jeune fille vêtue en duchesse, à pareille heure, sur ce pont plébéien. Rosine ne s'inquiétait pas d'être en spectacle ; elle se voyait déjà au fond du fleuve, se débattant avec la vie et avec la mort.

— Mais demain, dit-elle, je reviendrai sur l'eau, on me déshabillera et on m'exposera à la Morgue. Je ne veux pas mourir ainsi.

Et, dans sa pudeur, elle songea qu'il lui serait doux d'être en pleine mer, de se précipiter et de disparaître à jamais des regards humains.

Elle retourna dans la rue des Lavandières, décidée à revoir sa mère et à rentrer le front haut dans la maison de son père après avoir raconté ce qui s'était passé.

Elle s'était approchée d'une voisine pour la prier d'aller avertir sa mère, quand la femme du tailleur de pierres sortit de l'allée de sa maison avec une cruche et un seau. Rosine n'osait l'aborder. Elle la suivit à distance. Quand sa mère fut arrêtée devant la fontaine de la place Maubert, Rosine lui parla.

— Ah! c'est toi!

Et la mère pressa son enfant sur son cœur.

— Écoutez-moi, dit Rosine en sanglotant. Mon père m'a jugée sans m'entendre : je ne suis pas coupable.

— Qu'est-ce que cela fait? dit la mère; coupable ou non, tu es toujours ma fille, à moi. Mais ne reviens pas à la maison, car ton père a ses idées : il te tuerait.

Rosine raconta rapidement ce qui s'était passé.

— Eh bien, lui dit sa mère, je remonte là-haut; tu vas m'attendre, car je te conduirai chez une dame qui tient un hôtel garni rue Saint-Jacques, et qui, depuis quelques jours, a été notre Providence.

Rosine fut bien accueillie à l'hôtel garni. On l'habilla plus simplement, mais avec quelque recherche. On lui promit de la garder longtemps comme *demoiselle de confiance.*

Elle commençait à respirer dans la vie, quand elle s'aperçut que la maîtresse du lieu s'entendait avec les étudiants de l'hôtel pour faire tomber dans leur trébuchet les jeunes filles du voisinage. Cette femme avait monté les cinq étages du tailleur de pierres sous le symbole de la charité, mais dans le dessein de piper la jeune sœur de Rosine; en attendant, elle cherchait, par toutes les séductions, à prendre Rosine au piége.

Quand Rosine eut révélé sa fière et sauvage vertu, il lui fut impossible de demeurer une heure de plus avec cette odieuse femme. Ne pouvant la corrompre, on la mit à la porte.

Triste! triste! triste! On ne sait pas par quels défilés périlleux passe la vertu! A chaque pas une embûche, à chaque carrefour un précipice. Et pas un homme de bonne volonté qui lui tende sérieusement la main! Un seuil désert, un pain amer, un grabat presque funèbre, voilà l'horizon.

Le travail, dites-vous? Et que voulez-vous que fassent ces mains blanches que Dieu n'a destinées qu'aux soins de la maison et des enfants? Le travail la tuera sous sa tyrannie quotidienne. C'est l'homme qui est coupable. Savez-vous ce que fait l'homme quand Dieu lui envoie pour réveiller en lui l'amour du prochain quelque belle fille qui meurt de faim? Il l'emprisonne dans ses mauvaises passions, il lui vole son honneur comme un voleur de grands chemins, il la dépouille de sa robe de lin et s'en pare comme d'un drapeau pris sur l'ennemi.

Et vous croyez que cet homme sera puni pour ce

crime de lèse-humanité? Puni! au contraire, la galerie applaudira, comme s'il s'agissait d'un Romain enlevant une Sabine.

Et le plus souvent c'est la femme qui livre la femme à l'ennemi. C'est la femme qui perd la femme. Ce n'est pas Adam qui a corrompu Ève.

XVII

DU GAI DÉJEUNER
QUE FIT ROSINE AVEC SON AMOUREUX

Il y a en ce monde des hommes prédestinés à l'amour ; ils ont le charme, comme si une bonne fée eût répandu sur leur berceau le parfum voluptueux des cheveux de Vénus sortant de la mer ou de Diane sortant de la forêt. La plupart des hommes sont condamnés à vivre de peu en amour ; ils prennent une femme, et c'est fini ; leurs vanités les emportent ailleurs. L'un va à la guerre, l'autre trône dans une boutique, celui-ci va à la philosophie, celui-là se donne beaucoup d'enfants. Quelques-uns jettent un regard en passant sur le pays des joies amoureuses : ils se contentent d'avoir vingt ans une fois dans leur vie. Mais les privilégiés de la terre, les enfants prodigues de leur cœur, ce cœur qu'ils donnent toujours et qu'ils retrouvent toujours, parce que leur vie est dans leur cœur, ceux-là ont vingt ans pendant vingt ans; aussi les femmes les reconnaissent; ils n'ont qu'à paraître pour répandre autour d'eux le charme de la baguette d'or. Et ce qui les rend plus forts, c'est qu'ils ont le charme sans le savoir. Mais les femmes le savent bien; ils n'ont qu'à parler, — spirituels ou bêtes; — ils n'ont qu'à sourire, pourvu qu'ils aient des yeux et une bouche, — car j'en connais plus d'un qui n'a des yeux que pour compter de l'argent et une bouche que pour se mettre à table.

Edmond La Roche était prédestiné à l'amour.

Quand il rencontra Rosine, plus d'une fois déjà il avait donné son cœur, et les battements de son cœur, et les larmes de son cœur; plus d'une fois déjà il avait perdu son temps — ne perd pas son temps qui veut — dans les délices et les déchirements des passions amoureuses. Il avait commencé à dénouer, d'une main distraite d'abord et bientôt tressaillante, cette chaîne de roses qu'on teint toujours de son sang. Dans le pays latin, les plus belles filles le saluaient d'un sourire et semblaient lui dire gaiement: « Quand nous aimerons-nous? » car elles l'avaient vu à l'œuvre dans les tourbillons du bal de l'Opéra; soupant en folle compagnie ou se promènant seul, tout rêveur, sous les tilleuls du Luxembourg; tour à tour tendre, railleur, jaloux, insensé, éperonnant sa passion et la lançant à bride abattue à travers toutes les conquêtes et tous les périls.

Edmond La Roche ne s'était point d'abord passionné pour Rosine; il avait entr'ouvert les dents comme à la vue d'un beau fruit d'or et de pourpre qui rit sur l'espalier, mais il avait passé outre en se disant : — C'est du fruit vert. — Peu à peu, cependant, cette charmante image de Rosine, tout à la fois souriante et attristée, s'était gravée dans son cœur, comme disaient les vieux romans. Il la portait en lui sans trop y prendre garde; mais bientôt l'image le brûla à feu vif. Sa passion pour Rosine lui fut révélée comme par hasard un matin qu'il passait sur le pont au Change; il se rappela le bouquet de violettes, il chercha Rosine autour de lui. — Où est-elle? où est-elle? où est-elle? — Si elle fût passée là, il l'eût saisie dans ses bras et l'eût emportée avec une folle joie. Mais Rosine n'était plus là; une mélancolie étrange saisit l'âme du jeune homme ; il lui sembla que sa plus chère vision se fût à jamais envolée.

Le lendemain, il revenait chez lui par la rue Saint-Jacques, tout à la pensée de Rosine, quand il vit, comme par miracle, la jeune fille sortant tout effarée de l'hôtel d'où elle était chassée comme une fille perdue.

Elle se détourna, ne voulant pas qu'il la reconnût.

— C'est vous? dit-il en lui prenant la main.

— Non, ce n'est plus moi, dit-elle tristement.

Elle détacha sa main et voulut s'enfuir.

— Rosine, Rosine, que vous est-il arrivé?

— Il m'est arrivé que je suis une fille perdue pour tout le monde, excepté pour moi.

— Excepté pour moi, dit aussi Edmond La Roche.

La jeune fille rougit et lui redonna sa main.

— Rosine, je vous cherchais.

— Vous me cherchiez? tout le monde me fuit et je me fuis moi-même.

— Puisque je vous ai retrouvée, je ne vous quitterai plus, car je vous aime.

— Vous m'aimez? Qu'est-ce que cela veut dire?

Rosine avait pâli.

— Cela veut dire que je vous emmène chez moi.

— C'est impossible.

— Pourquoi ?

— Parce que je vous aime.

— Nous parlons si bien tous les deux, que nous ne pouvons pas nous entendre.

Cependant Rosine avait, sans y penser, pris le bras d'Edmond La Roche ; il allait, et elle allait avec lui. Ils arrivèrent bientôt rue de la Harpe. Edmond La Roche franchit le seuil de l'hôtel avec une certaine inquiétude ; son cœur pressentait un orage.

Quand Edmond La Roche eut refermé sa porte, elle s'imagina pour un instant qu'elle était chez elle.

— Quel beau désordre, n'est-ce pas ? c'est comme le jour où je suis venue.

Rosine aimait à voir ce désordre.

— S'il avait une maîtresse, pensait-elle, tout serait en ordre.

Rosine ne connaissait pas les maîtresses du quartier latin.

Edmond La Roche sonna.

— Nous allons déjeuner, n'est-ce pas, mademoiselle Rosine ?

Comment refuser de déjeuner en tête à tête avec un amoureux quand on a faim des lèvres et du cœur ?

Rosine répondit qu'elle voulait bien déjeuner. L'étudiant donna l'ordre de prendre au café voisin une douzaine d'huîtres, une terrine de foie gras, un demi-poulet et une bouteille de vin de Champagne frappé. L'hôtellier y joignit un petit panier de fraises et un petit panier de cerises pour égayer les yeux. On servit tout cela sur une table destinée aux festins de la science. Rosine mit la main à l'œuvre.

— Vous éloignez trop les deux assiettes, lui dit Edmond La Roche.

Elle les rapprocha en rougissant.

— C'est bien, dit l'étudiant en la faisant asseoir.

Et il s'assit tout auprès d'elle en l'embrassant. Rosine détourna la tête.

— Vous voyez bien, monsieur, que nos assiettes sont mal placées.

— Ne vous effarouchez pas; c'est le *Benedicite* de l'amour — avec les *Grâces*.

Et mille et une charmantes folies accompagnées du gai carillon des fourchettes et des verres.

— Allons! reprit l'étudiant en versant à boire, trinquons bravement; c'est passé de mode dans le beau monde, mais c'est la dernière chanson des cœurs vaillants.

Et ils trinquèrent comme au bon temps.

— Ah! que c'est amusant de déjeuner à deux! dit Rosine.

Et pour la première fois depuis bien longtemps un clair éclat de rire montra ses belles dents.

— Vous êtes plus belle encore quand vous riez, lui dit Edmond La Roche. Rosine, n'attristez plus cette jolie figure. Voyez comme tout nous sourit. Voilà le soleil qui vous couronne d'un vif rayon. Le beau ciel! On dirait que le bon Dieu donne aux amoureux des indulgences plénières.

Rosine aurait bien voulu déposer sa fourchette pour s'appuyer tout éperdue sur le cœur du jeune homme. Sa joie avait envie de pleurer. La pauvre fille n'avait pas l'habitude du bonheur.

XVIII

LA FOLIE AMOUREUSE

Cependant Edmond La Roche avait refermé sur Rosine la porte de sa chambre, sans tirer les verrous, pour ne pas effaroucher — la vertu de Rosine; — voilà que tout à coup une demoiselle de l'endroit, mademoiselle Angèle, surnommée la *Folie Amoureuse*, entra bruyamment de l'air du monde le plus dégagé.

— Je t'attendais, dit-elle à Edmond La Roche en regardant de côté la pauvre fille, qui n'avait pas eu le temps de se croire chez elle.

— Vous m'attendiez? dit l'étudiant; pour moi, je ne vous attendais pas, — madame. —

— Madame ! — qu'est-ce que ce style-là ? Est-ce que nous en serions revenus au commencement ?

— Non; à la fin, — madame. —

— Il n'y a ni commencement ni fin; je ne suis pas de celles qui s'en vont quand on leur dit : Va-t'en. Mon mobilier est ici.

— Madame, — votre mobilier se compose d'un bonnet de nuit et de deux pantoufles; je vous payerai un Auvergnat pour les porter ailleurs; si je n'étais pas un homme de très-haut goût, je vous dirais que vous avez déjà en plus d'un endroit deux pantoufles et un bonnet de nuit.

— Si tu dis un mot de plus, je te saute à la gorge !

— Madame, — je suis incapable d'en faire autant.

Le dialogue dura ainsi quelques secondes encore. Rosine s'était réfugiée à la fenêtre, pour avoir l'air de ne pas voir et de ne pas entendre. La pauvre fille voyait et entendait.

Edmond La Roche, voyant bien que sur ce ton-là la conversation pourrait durer longtemps, prit les deux mains de sa maîtresse avec douceur et avec violence tout à la fois. Ne pouvant avoir raison en parlant tout haut, il essaya de la convaincre en lui parlant à l'oreille. La Folie Amoureuse connaissait sa force; elle savait qu'on ne respirait pas impunément la senteur de forêt qu'exhalait sa luxuriante chevelure, surtout quand elle s'appuyait avec abandon dans les bras de celui qui lui parlait. En effet, Edmond La Roche, qui avait, en lui saisissant les mains, le dessein bien arrêté de la mettre à la porte, chancela vite dans sa résolution.

Rosine, qui le regardait à la dérobée, comprit alors qu'elle était déjà trahie. Elle alla sur la pointe du pied jusqu'à la porte. Elle était déjà dans l'escalier quand Edmond La Roche s'aperçut qu'elle n'était plus à la fenêtre de sa chambre. Il aurait bien voulu courir après elle; mais *Vénus tout entière à sa proie attachée* ferma vivement la porte et l'entraîna à la fenêtre.

Quand Rosine se retrouva seule dans la rue :

— Il ne me reste plus rien, dit-elle.

Traduisant ainsi la pensée inscrite par le Dante sur la porte de l'enfer.

Jusque-là, le souvenir d'Edmond La Roche lui avait permis de lever les yeux au ciel et de se dire : « Qui sait ? » Mais maintenant, dans le naufrage qui allait la submerger, où trouver une arche de salut? La colombe s'abattait en pleine mer, l'aile saignante et brisée.

XIX

LA COMÉDIE

Rosine entra dans le jardin du Luxembourg sans se demander où elle allait. Un auteur dramatique, sur le point d'être joué à l'Odéon, mais qui n'était pas content de son ingénue, regarda Rosine à deux fois.

— A la bonne heure, dit-il tout à son idée, voilà une ingénue dont les beaux yeux feraient le succès de ma comédie.

Et, comme il était habitué à parler à toutes les femmes comme il parlait aux comédiennes, il dit familièrement à Rosine en se mettant sur son passage :

— Voulez-vous jouer la comédie?

— Jouer la comédie? Pourquoi pas? Je suis résignée à tout, répondit tristement Rosine.

— C'est tout simple, dit l'auteur dramatique, on est comédienne ou on ne l'est pas; mais toutes les femmes le sont; et, pourvu qu'elles n'aient pas été au Conservatoire, elles n'ont qu'à se présenter devant la rampe pour être applaudies.

— Est-ce que j'oserais jamais? dit Rosine avec effroi.

— Avec une figure comme la vôtre on ose tout. Prenez mon bras, le directeur est mon ami, son ingénue est sur le point d'accoucher, il va signer votre engagement avec enthousiasme.

Rosine était si abattue par son désespoir, qu'elle n'eut point la force de résister. Elle se laissa conduire à l'Odéon sans bien se rendre compte du chemin hasardeux qu'elle prenait là.

Dès que le directeur eut vu ses beaux yeux intelligents dans sa charmante figure tout attristée, il dit à son ami l'auteur dramatique que sa protégée pouvait se considérer comme du théâtre.

— Une comédienne, disait l'auteur dramatique, qu'est-ce autre chose que la beauté, la jeunesse et l'intelligence?

— Combien même qui ont réussi sans ces trois vertus théologales du théâtre! répondait le directeur en regardant le tableau de sa troupe.

Il fut convenu que Rosine aurait de quoi payer ses gants et ses courses en omnibus. Elle se promit d'aller à pied pour acheter du pain. Ce jour-là même elle assista à la répétition.

Voilà comment la vertu de Rosine entra au théâtre de l'Odéon. Comment en sortira-t-elle? Sommes-nous enfin arrivés à ce moment fatal où nous écrirons sur le marbre le plus pur :

CI-GÎT LA VERTU DE ROSINE.

XX

LA VESTALE ET LA BACCHANTE

Je ne raconterai pas mot à mot comment vécut Rosine pendant qu'elle fut à l'Odéon. On l'avait engagée sur sa figure et pour sa figure. On lui donnait cent francs par mois, — pendant l'hiver. — On lui laissait le droit de mourir de faim pendant l'été. Cent francs par mois! On lui paya un mois d'avance, elle se trouva riche pendant une heure. Elle s'habilla pour soixante francs, paya une chambre vingt francs, et garda vingt francs pour acheter des gants et dîner çà et là.

Elle était allée se loger tout droit à l'hôtel d'Edmond

La Roche, mais discrète, mais voilée, mais silencieuse. Elle voulait le voir passer; mais elle attendait ses débuts pour lui dire : *Me voilà*.

Elle avait pris à l'Odéon un nom de comédie. La Parisienne a autant de baptêmes que de métamorphoses. Elle ne voulait pas que son père pût la reconnaître. D'ailleurs, le nom de *mademoiselle Rosine* n'était pas sérieux sur l'affiche d'un théâtre classique.

Cependant elle avait un peu révolutionné tout le monde à l'Odéon. Sa beauté devenait proverbiale dans tous les théâtres, même avant qu'elle eût débuté.

Tous les soirs, le foyer un peu désert de l'Odéon se peuplait de bourgeois gentilshommes et de gentilshommes bourgeois, qui voulaient saluer ce soleil levant. Or, pendant ce triomphe, Rosine mourait de faim : sur sa figure et sur son engagement à l'Odéon, on lui avait accordé quelque crédit à son hôtel, mais à la condition qu'elle n'en abuserait pas. La pauvre fille vivait un peu de l'air du temps. Quand on a dix-huit ans, c'est un bien mauvais dîner. De bonne heure familière avec la faim, elle s'habituait à n'ouvrir ses belles dents que juste ce qu'il fallait pour ne pas se laisser mourir.

Un soir, après avoir joué, — et bien joué son rôle de

début, — une ingénue qui ne devait rien savoir, pas même son cœur, — elle fut emportée malgré elle jusqu'à la porte d'Edmond La Roche. — Peut-être s'était-elle trompée d'un étage? — Peut-être ne savait-elle plus où elle allait?

Sonnera-t-elle? Elle est blanche comme si elle se fût métamorphosée en statue. Elle lève la main pour saisir le pied de cerf, car l'étudiant, qui était chasseur, avait mis ce trophée à sa porte pour effrayer les créanciers. — Mais la pâle Rosine ne sonnera pas. Un éclat de rire vient briser son cœur. Edmond La Roche ne l'attend pas : une femme est venue avant elle.

Et il rit avec celle-ci sans s'inquiéter de celle-là qui pleure à sa porte.

Rosine a reconnu la voix de la Folie Amoureuse. Elle redescend en toute hâte ; elle va cacher dans son lit sa pudeur un instant insultée par sa passion et sa révolte contre cette vertu toujours défaillante et toujours préservée.

Elle ferme chastement ses bras sur son sein embrasé, et se demande si elle s'en irait ainsi dans le tombeau ; si elle ne respirerait pas une fois dans sa vie les parfums voluptueux de la moisson des roses et de la grappe foulée au premier jour des vendanges.

Dans toute femme, même dans celles qui se sont le plus fermement résignées à mettre leur cœur au cloître, la bacchante, à certaines heures, se réveille, épaules nues et chevelure au vent, comme pour défier le crucifix qui, la veille, endormait en Dieu leurs plus sataniques aspirations.

XXI

LA MAUVAISE FÉE

Tout le monde s'étonnait de la vie obscure et retirée de Rosine.

Elle disait qu'elle vivait en famille, ce qui expliquait un peu pourquoi elle portait toujours la même robe, et ce qui empêchait ses adorateurs de faire le siége de son hôtel. On lui avait bien çà et là offert les uns de souper de l'autre côté de l'eau, les autres de lui donner une robe ou un bijou, car on offre toujours aux femmes le superflu, quand elles n'ont pas le nécessaire. Il est vrai que les femmes ne vivent que du superflu. Rosine savait de quel prix il lui faudrait payer soupers, robes et bijoux; elle s'enveloppait dans sa vertu et mourait de faim héroïquement.

Cependant cette manière de vivre ne pouvait pas durer bien longtemps.

Elle avait débuté dans un petit rôle de paysanne, elle avait étudié les ingénues de Molière; mais on l'attendait pour la juger dans un rôle écrit pour elle dans une comédie de George Sand. La répétition de cette comédie subissait tous les jours un retard. Le directeur l'avertit un matin qu'enfin la pièce allait passer, et qu'il était temps de songer à ses costumes. Il ne lui fallait pas moins de trois robes. Rosine n'avait pas prévu ce contre-temps. Comment trouver six cents francs? Le directeur lui offrit de lui payer d'avance un mois d'appointement; mais où trouver le surplus? Rosine désespéra de jouer, faute de robes. Elle conta ses peines, le soir, au foyer. On se moqua beaucoup d'elle. Le lendemain, elle était sur le point d'écrire au directeur qu'elle ne se sentait pas le courage d'aller plus loin, quand une dame, qu'elle n'avait jamais vue, entra dans sa petite chambre, et, en manière d'avant-propos, répandit sur sa cheminée une poignée d'or.

Et comme Rosine ne comprenait pas :

— Ma chère enfant, je suis la bonne fée; voilà ce qui tombe tous les jours de ma baguette; je vais vous ouvrir le chemin de la terre promise.

Et, comme autrefois le serpent, cette femme déploya toute l'éloquence diabolique de la tentation.

Rosine se révolta d'abord; mais elle avait tant lutté, mais elle avait tant souffert, mais la misère est un si mauvais conseiller, que Rosine prit l'or dans ses mains, et, avec le sourire du démon, elle dit à cette odieuse femme :

— Allez! je vous suis.

Tout égarée par les ivresses coupables du luxe où elle allait vivre, elle ferma la porte de sa chambre sans y laisser un seul regret.

Elle fut conduite dans la rue Grange-Batelière, chez M. de M***, un des jeunes gens qui venaient poser pour elle au foyer de l'Odéon; il ne l'aimait pas, mais, pour sa vanité, il aurait donné une année de ses revenus pour que Rosine débutât avec lui.

— Je vais vous laisser seule ici, lui dit celle qui l'avait conduite. Vous comprenez ce qui vous reste à faire.

— Je comprends, dit Rosine en pâlissant.

— M. de M*** est allé déjeuner au café Anglais; il

sera enchanté tout à l'heure de voir son appartement si bien habité. Embrassez-moi, enfant.

Rosine présenta son front d'un air résigné.

— Adieu : je viendrai demain.

— Adieu, dit Rosine, heureuse de se sentir seule.

Elle se promena dans l'appartement avec un peu de curiosité.

— Je suis chez moi, dit-elle en foulant du pied un beau tapis de Smyrne.

Et elle regardait d'un œil surpris toutes ces merveilles du luxe parisien qui éclatent dans quelques intérieurs privilégiés. Rosine sentit alors instinctivement qu'il y avait deux femmes dans une femme, celle qui vit par les yeux et celle qui vit par le cœur.

— O mon Dieu! dit-elle, pourquoi n'ai-je pas seulement des yeux, comme tant d'autres? Que ferai-je de mon cœur?

Et elle se mit à penser à Edmond La Roche. Mais avait-elle jamais cessé de penser à lui? elle le voyait toujours saisissant la Folie Amoureuse et s'appuyant sur elle pour lui parler à l'oreille. La pauvre fille avait le cœur déchiré. Quelquefois elle pâlissait subitement et détournait la tête : c'était le souvenir d'Edmond La Roche qui passait en elle.

— Ah! dit-elle tristement, si c'était lui qui dût venir ici tout à l'heure!

Elle se demanda s'il était possible qu'elle attendît M. de M***. Mais l'odieuse misère qui l'avait chassée de chez elle se représenta à ses yeux accroupie dans l'âtre, accroupie au seuil de la porte, accroupie au pied du lit. Elle eut peur et se jeta éperdument sur un beau canapé recouvert de soie des Indes; puis elle se leva et alla caresser d'une main égarée des rideaux du plus beau damas. Elle aurait voulu étreindre dans un seul embrassement tout le luxe de M. de M***. Le souvenir de sa chambre de la rue des Lavandières, où elle avait eu froid et où elle avait eu faim, traversa son imagination.

— La misère, jamais! s'écria-t-elle avec un accent étrange.

A cet instant, ses yeux s'arrêtèrent sur une petite jardinière de Tahan, un chef-d'œuvre en bois de rose, tout encadrée d'or et d'argent, tout étoilée de pierres fines. Or, dans cette jardinière, il n'y avait que des violettes. Rosine sentit un coup au cœur. Elle passa la main sur les violettes; toute chancelante, elle tomba agenouillée.

— O mon Dieu! dit-elle émue jusqu'aux larmes, ô

mon Dieu ! je vous remercie. Ces violettes sont un avertissement.

Rosine n'attendit pas M. de M***; elle s'enfuit sans savoir encore où elle irait, mais ne comprenant pas qu'elle eût pu venir jusque-là.

XXII

SOUS LE MÊME TOIT

Edmond La Roche avait pris son cœur, il devait prendre sa vie. Elle était venue mystérieusement, on le sait déjà, se loger dans son hôtel, mais sans le lui dire, se cachant dans les flammes vives de son amour, craignant de se laisser voir quand elle sortait ou quand elle rentrait. Pour lui, beau coureur d'aventures, il ne la sentait pas si près de lui. Elle le regardait passer dans la rue, à demi masquée par son rideau. Plus d'une fois, le soir, il l'avait rencontrée dans l'escalier; mais elle montait toujours voile baissé. La pauvre fille, quel coup dans son cœur, quand elle le voyait avec sa maîtresse suspendue à son bras!

Elle s'étonnait de tant l'aimer, elle se demandait pourquoi.

Elle l'aimait parce qu'elle l'aimait; toutes les philosophies de la terre n'auraient pu formuler une autre raison.

La pauvre fille! quand elle fut revenue chez elle, fuyant le souvenir de son voyage chez M. de M***, elle s'imagina qu'Edmond La Roche aurait le cœur plus heureux, comme si elle eût senti palpiter autour d'elle, avec de doux frémissements, l'âme de l'étudiant.

Mais l'âme de l'étudiant n'était pas là!

XXIII

ASPIRATIONS VERS L'ARBRE DE LA SCIENCE

La veille de la représentation de la comédie où Rosine devait se révéler, on avait donné son rôle à une mauvaise comédienne qui avait de belles robes.

Rosine, déjà souffrante, tomba malade, — le mal de la vie ou le mal de la mort. — Sa pâleur devint plus marbrée, ses yeux plus profonds, son sourire plus attendri.

Elle resta deux jours sans se plaindre à personne. Le troisième jour, la fille de l'hôtelière la força de recevoir un médecin. Cet homme lui trouva une forte fièvre, mais ne put savoir d'où venait la fièvre.

— Monsieur le docteur, vous aurez beau faire, dit-elle au médecin, je suis perdue, car je n'ai plus le courage de la vie.

— Allons, mon enfant, c'est une bataille. Soyons braves jusqu'au bout.

— Oui, docteur, c'est une bataille, et je vais à l'ennemi.

Et elle souriait de son charmant sourire attristé.

Il lui demanda son secret ; mais elle ne se voulut pas confesser. Il écrivit une ordonnance qui ne pouvait pas lui faire de mal, mais qui ne devait pas l'empêcher de souffrir.

Son mal, c'était l'amour ; sa fièvre, c'était la jalousie ; sa pâleur, c'était la faim.

La faim, je m'explique : Rosine mangeait, mais que mangeait-elle ? Du pain, des radis, des pommes, des oranges. La pauvre fille, elle donnait aux oiseaux, sur sa fenêtre, les miettes de son festin. Les oiseaux pillent les riches, mais il n'y a que les pauvres qui leur donnent la pâtée.

Le soir, la passion vint soulever Rosine dans son lit ; la fièvre était plus forte, les rêveries ardentes battaient des ailes sur ses tempes. Elle se leva, s'habilla à moitié, et monta quatre à quatre, tout éperdue, sans regarder derrière elle, vers la chambre d'Edmond La Roche. Elle croyait le trouver seul ; mais, arrivée à la porte, elle entendit un gai quatuor, c'est-à-dire deux voix d'hommes et deux voix de femmes ; on soupait bruyamment et amoureusement : cette gaieté la frappa au cœur comme un coup de couteau.

— Je ne suis pas du festin, dit-elle amèrement. Ce n'est pas pour moi que l'amour dresse la table.

Et elle voulut redescendre ; mais la curiosité la cloua à la porte.

Elle écouta. Edmond La Roche et la Folie Amoureuse racontaient la joie qu'ils avaient eue la veille de courir les bois de Meudon pour voir les premières feuilles et cueillir les premiers lilas. C'était par un beau soleil qui versait l'espérance aux cœurs amoureux, l'herbe s'étoilait déjà de primevères, la pervenche souriait de ses yeux bleus sous le buisson, le merle sifflait dans les branches pour braver le rossignol, — en un mot, une de ces matinées qui emparadisent la terre pour une heure.

— L'eau m'en vient encore à la bouche, dit Edmond La Roche.

— Paresseux, dit la Folie Amoureuse, tu ne m'as embrassée que vingt fois.

— Ah! murmura Rosine, si j'avais hier vécu une heure de cette vie-là dans le bois de Meudon!

Elle était au bout de ses forces; elle cria sans le vouloir et s'évanouit.

Edmond La Roche ouvrit la porte, car le cri de Rosine avait traversé son cœur.

— Ce n'est rien, dit-il; c'est une femme qui se trouve mal.

Et il souleva Rosine et la traîna dans sa chambre.

— Qu'est-ce que c'est que cela? demanda la Folie Amoureuse?

L'autre femme, qui était une bonne créature, s'était déjà agenouillée et avait dégrafé la robe de Rosine.

— Prenez donc garde, dit la Folie Amoureuse, les oiseaux vont s'envoler. Pauvre petite! elle s'est perdue en chemin : il faut écrire au bon Dieu de lui envoyer ses papiers. N'est-ce pas, mon ange?

Edmond La Roche, qui avait reconnu Rosine, saisit la main de sa maîtresse et lui dit qu'il allait la jeter à la porte si elle continuait à parler ainsi.

— Je comprends, dit-elle en prenant son chapeau,

c'est un rendez-vous déguisé. Ce n'est pas une femme qui s'évanouit, c'est une vertu qui se trouve mal.

Et, disant ces mots, elle s'envola, croyant que son amant allait courir après elle.

XXIV

DU DANGER DE SE TROUVER MAL

Quand Rosine rouvrit les yeux, elle était dans le lit d'Edmond La Roche.

— Où suis-je? demanda-t-elle en jetant partout des regards effarés.

— Chez-vous, lui répondit l'étudiant.

Elle voulut se jeter à bas du lit, mais elle s'aperçut que sa robe était dégrafée.

— Me voilà, dit-elle en se cachant sous le couvre-pied, me voilà, par pudeur, forcée de rester dans votre lit. Ne dirait-on pas que je suis venue tout exprès pour me coucher?

— On dirait cela, si on ne vous connaissait pas.

— Ah! que je suis heureuse de vous voir! Je vais mourir! mais l'heure de la mort sera pour moi l'heure de la vie.

— Mourir! vous êtes un enfant. Vous avez vingt ans et je vous aime.

— Vous m'aimez? Depuis quand?

— Depuis toujours.

Et ils se regardèrent tous les deux avec des yeux humides.

— Vous m'aimez? reprit-elle.

Rosine voulait qu'il lui redît encore ce mot si doux, même pour ceux qui ne sont pas aimés.

— Je vous aime, répéta Edmond La Roche.

— Oh! dites-moi encore ce mensonge-là.

Et il lui prit les mains et il lui baisa les cheveux.

Elle était si heureuse, qu'elle ne songea pas à s'offenser. Il lui semblait que son âme était passée dans celle de l'étudiant, et qu'elle n'avait plus d'autre vie que la sienne.

Mais, après cette ivresse d'un instant, elle se retrouva.

— Ah! mon Dieu! dit-elle en retirant ses mains et

en éloignant sa tête du baiser du jeune homme, je croyais que nous nous aimions depuis un siècle!

— Qu'importe, si nous nous aimons pendant un siècle.

— Je ne vous crois pas, mais parlez-moi toujours ainsi. Songez qu'on ne m'a jamais aimée.

— Mais contez-moi donc toute cette histoire romanesque.

— Demain. Ce soir je n'ai que le temps de m'en aller.

— Vous passerez la nuit ici.

— Non. On m'attend en bas.

Edmond La Roche ressaisit la main de Rosine avec un mouvement de jalousie.

— Si vous vous en allez, j'irai vous veiller chez vous.

— Je demeure trop loin.

— Je ne pourrai plus vivre sans vous.

— Je reviendrai. Soyez bien gentil ; passez dans votre cabinet, et laissez-moi m'habiller.

Disant ces mots, Rosine détachait ses mains et essayait de renouer sa chevelure, dont les ondes rebelles noyaient ses blanches épaules. Elle s'était animée ; la couleur de la vie revenait sur ses joues ; elle était plus belle que jamais.

— Non, reprit l'étudiant d'un air décidé. Il ne sera pas dit que vous serez venue ici trois fois sans que je vous aie emprisonnée dans mes bras. Je me ferai plutôt mettre au violon.

— Vous me ferez mourir de désespoir. Si vous m'aimez, donnez-moi la liberté de revenir demain, puis après, puis toujours.

— Toujours, toujours, murmura le jeune homme, qui ne savait plus ce qu'il disait.

Il s'était penché au-dessus de Rosine, et ses lèvres couraient comme les flammes vives sur les joues et sur les yeux de la jeune fille.

XXV

LES DEUX FEMMES

La porte s'ouvrit. C'était la Folie Amoureuse qui revenait, en proie aux colères de la jalousie.

Edmond La Roche alla au-devant d'elle comme pour conjurer la tempête, mais elle le jeta de côté et marcha jusqu'au pied du lit.

— Ah! voilà une touchante rencontre! Madame connaît le proverbe : *Ote-toi de là que je m'y mette.*

— Madame, dit Rosine, pâle et défaillante, ce n'est ni sa faute ni la mienne.

— C'est sans doute la mienne.

— Madame, je suis mourante!

Edmond La Roche s'était jeté devant sa maîtresse.

— Angèle, pas un mot!

Et il lui tenailla la main dans la sienne.

— Tu m'avais dit que mademoiselle Rosine était une vertu romaine. Je n'y croyais pas; mais aujourd'hui que je la trouve dans mon lit, je n'en doute plus.

— Madame, si vous me connaissiez...

— Vous connaître? Dieu m'en garde! Je ne fais que de mauvaises connaissances. Une fille qui vient à minuit prendre mon lit d'assaut! Mais vous ne savez donc pas que je vais appeler les voisins pour leur donner cette vertueuse comédie!

Rosine ne voulut pas ajouter un mot pour se défendre.

Edmond La Roche avait pris à bras-le-corps la Folie Amoureuse et l'entraînait vers la porte avec fureur. Mais cette fille était robuste et décidée à tout. Elle ripostait à tort et à travers. Dans leur débat, la lampe fut renversée. Rosine, déjà levée à moitié, ressaisit ses forces et s'envola comme un oiseau emprisonné qui retrouve une fenêtre ouverte.

Elle était déjà glacée quand elle se jeta dans son lit.

— Ah! mon Dieu! dit-elle en appuyant sa main sur les battements de son cœur, pour cette fois, je sens bien que je me couche dans la tombe!

XXVI

LA DERNIÈRE RAILLERIE DE LA DESTINÉE

Rosine écouta avec angoisses, mais elle n'entendit rien. Dès que la nuit était revenue dans la chambre de l'étudiant, la lutte avait cessé. Rosine s'imagina qu'en ouvrant sa porte elle entendrait la fin de la scène, car la porte d'Edmond La Roche était sans doute demeurée ouverte. Elle descendit du lit et courut sur le seuil. La voix du jeune homme et de sa maîtresse — le lion et la tigresse — lui arrivèrent, mais adoucies comme par enchantement. Elle n'en revenait pas. Elle avança sur l'escalier, et, — sans le vouloir, — elle se trouva devant la porte d'Edmond La Roche.

On avait allumé une bougie, on avait refermé la porte, et — on s'embrassait ! —

— C'est impossible ! dit Rosine.

En amour, il n'y a que l'impossible qui soit possible.

Oui, on s'embrassait. Quand Edmond La Roche — qui était bien le plus insouciant et le plus volage des cœurs du pays latin — avait vu que Rosine était partie, soit qu'il n'espérât plus la retrouver, soit qu'il craignît de perdre à jamais la Folie Amoureuse, soit qu'il s'amusât à ce jeu irritant de passer de la fureur à l'amour, il s'était ressaisi de la main de sa maîtresse, — cette main qu'il avait brisée sous la sienne, — mais cette fois avec le doigté le plus caressant du monde.

Voici ce que Rosine entendit :

— Puisqu'elle est partie, je m'en vais.

— Puisqu'elle est partie, ne t'en va pas.

Et un éclat de rire.

Ce fut le dernier coup de poignard. Rosine ne s'évanouit plus. Elle redescendit, ou plutôt elle se laissa glisser à la rampe; elle rentra à moitié morte, elle jeta un châle sur ses épaules et se mit à écrire.

Elle croyait qu'elle n'avait plus qu'un jour à vivre, et elle ne voulait pas mourir sans avoir fait son testament.

— Son testament! direz-vous, c'est une ironie, puisqu'elle mourait de faim.

C'était le testament du cœur.

XXVII

LE DERNIER RENDEZ-VOUS

Le lendemain matin, on déjeuna gaiement, comme de coutume, chez Edmond La Roche, deux par deux, comme les vers alexandrins, qui se becquettent par la rime.

Au dessert, vers deux heures, on apporta une lettre à l'étudiant.

— Un cachet noir! dit-il.

— C'est égal, dit la voisine, c'est tout de même une lettre d'amour, car c'est une lettre de femme. Voyez, messieurs, voyez plutôt l'écriture.

Un étudiant en médecine, qui avait bu plus que de coutume et qui commençait à y voir double, saisit la lettre sans façon et déclara qu'il allait la lire tout haut à l'auguste assemblée.

— Je te défends de briser le cachet! dit Edmond La Roche.

Mais les femmes qui étaient là prirent le parti du lecteur extraordinaire.

— Il la lira! dirent-elles en enchaînant Edmond La Roche dans leurs bras.

— Cela nous donnera des leçons de style, dit l'une.

— Dis plutôt des leçons de vertu! s'écria l'autre; car on sait qu'Edmond La Roche est un homme à sentiments invraisemblables.

L'étudiant en médecine était monté sur une chaise : il demanda le silence et déploya la lettre avec gravité.

— Tambours de Cupidon, battez aux champs, dit-il en imitant le roulement du tambour.

Et il lut à haute voix en indiquant les curiosités de l'orthographe.

« *Cest un adieu, voila pour quoi jai le courage de*
« *vous écrire. Je voullaiz allé jusque chez vous;*

« mais, ce que je veux vous dire, je ne veux le dire
« qua vous, et jaurais fait sandoutte encore quelle
« que rancontre qui mût empeché de parlé. Quant
« je sonje que nous demerons presque porte a porte,
« et que nous somme si loin lun de l'autre ! Vint
« marche me séparait du bonneur. Je ne veux pour
« tant pas amporté mon secret la haut. Je vous
« aime... je vous ai aimé... Si je savait que mon
« souvenir vous fut chér, je mourrais consolée. Mon
« pauvre coeur demandait a vivre, et il demandait
« si peu ! battre un instant sur le votre, et mou-
« rir ! Jai été bien maleureuse ; je vous aimais,
« et vous aimié tout le monde. Cet égale, je remerci
« Dieu de vous avoir rancontré. Si vous ne mavez
« pas oublié, car a peine savé vous mon nom, venez
« me voire. Je suiz au dessous de vous, oui, dans
« le même hôtel, au n° 13, et vous au n° 17 ! Je
« vous ai rancontré vint fois ; mais vous ne mavé
« pas vue, car vous nétié pas seul. Je vous attandré
« jusquau soir, jusqua demain matin. Demain ma-
« tin, il serait trot tart, et je partirais sans un der-
« nier adieu.

« Pour tout l'amour que jai eu pour vous, ap-
« porté moi des viollettes. Vous savé, ces pauvres

« *chères petites fleurs qui vous ont arrêté un jour
« sur le pont au Change.* »

« Rosine. »

La lecture de cette lettre fut d'abord coupée de cris moqueurs et d'éclats de rire. Edmond La Roche se moquait et riait comme les autres, ne sachant pas d'où lui venait cet adieu. Mais, tout à coup, quand il reconnut Rosine, il se détacha violemment des trois femmes qui l'enchaînaient, se jeta avec fureur sur l'étudiant en médecine et ressaisit la lettre d'une main convulsive.

— Rosine, Rosine! dit-il en portant la main à son cœur.

Et il s'élança dans l'escalier sans prendre le temps de mettre son chapeau.

La clef du n° 13 n'était pas à la porte.

Il sonna, il sonna encore, il arracha la sonnette : on ne répondit pas.

Il descendit les trois étages.

— Mademoiselle Rosine? demanda-t-il au portier.

— Vous savez où? lui répondit-on. Au troisième, la première porte à droite. Mais, j'y pense, mademoiselle Rosine m'a dit de vous remettre la clef si vous la demandiez.

Edmond La Roche prit la clef et remonta d'un trait. Son cœur battait violemment quand il ouvrit la porte.

Un demi-jour pénétrait à peine par les jalousies. Rosine était couchée sur son lit, que protégeait un christ d'ébène. Elle semblait se cacher la figure dans les mains.

— Rosine, vous pleurez! dit Edmond La Roche en allant doucement à elle.

Rosine ne l'entendit pas.

Il tomba agenouillé devant le lit et lui saisit la main.

— O mon Dieu! s'écria-t-il avec effroi.

Il souleva Rosine et la regarda d'un œil égaré.

— Rosine! Rosine! c'est impossible! répondez-moi...

Rosine ne répondit pas.

Presque au même instant l'escalier retentit de cris et de rires.

C'étaient les convives d'Edmond La Roche, qui l'avaient suivi pour assister à son rendez-vous. Il voulut se jeter à leur rencontre et les précipiter dans l'escalier; mais, anéanti par sa douleur, il n'eut pas la force de faire un pas. D'ailleurs, il soulevait toujours

Rosine, il ne voulait pas laisser retomber sa tête sur l'oreiller.

A ce spectacle, l'étudiant en médecine pâlit et se trouva dégrisé.

—La pauvre fille! dit-il en s'approchant du lit avec respect.

Les trois femmes se turent, pareillement saisies de respect. Edmond La Roche ne disait pas un mot, il ne détachait pas ses yeux de la morte.

— Qu'y a-t-il? demanda l'une des femmes.

— Il y a, dit l'étudiant en médecine après avoir examiné la morte, il y a que cette belle fille s'est empoisonnée.

XXVIII

LE TESTAMENT DE ROSINE.

Rosine avait passé la nuit à pleurer et à écrire des lettres. Elle avait d'abord écrit à Edmond La Roche huit grandes pages, pour lui raconter sa vie dans le style déchirant de ceux qui ont souffert et qui disent la vérité. Après avoir relu cette lettre, sans doute elle avait imposé silence à son cœur, car Edmond La Roche trouva les huit pages déchirées dans l'âtre.

En voici des fragments :

« *Je vous ai bien aimé moi pauvre fille qui vou-*
« *lait donner sa vie a l'amour, mais a un seul.* »

« *Si vous savié quelles angoisses! toutes les aspi-*
« *racions vers le bien, et le mal tout autour de moi!* »

« *Je meurs avéc une singuliére volupté : il me*
« *samble que je m'anvelope dans un linceul de nége,*
« *car je m'envole toute blanche : c'est froid, mais*
« *c'est doux.* »

« *Il ni a pas de quoi s'énorgueillir, car j'en ai*
« *été quite à trop bon conte. Sans votre soeur, sans*
« *votre maitresse, je nen serais sans doute pas là.* »

« *Je me suis toute-a-l'heure endormie la plume*
« *a la main. Était ce le sommeil? était ce déja la*
« *mort? car la mort doit avoir aussi des réves.*

« *Voici ce que jai vu: nouz étions seul, vous et*
« *moi. Vous, cétait moi; moi, cétait vous. On nous*
« *avait ouvert la porte du paradis. Ah! que cétait*
« *beau! Moi qui nai jamai vu que les payzages de la*
« *bariére Saint-Jaques et de l'Odéon, jétais toutte*
« *éblouie de tant de lumiére et de tant de roses. Et*
« *les belles fontaines de marbre! et les baux arbres*
« *couverts de fleurs, de fruis et d'oisaux bleus et*

« rouges. Toutacoup vou m'avéz ambrassé, on ma
« ouvert une autre porte, et je me suis réveillé dans
« l'enfer. »

. . . .

« Cet égale, je défie une pauvre fille, si elle est
« belle, de faire un pas dans Paris sans trébucher.
« A force de vertu, elle mourra de fain ! »

. . . .

« Pour moi, je ne me pose pas en victime. Si je
« meure, cet que je pense comme le poéte : « Il est
« plus doux de se jetter dans les bras de la mort qui
« ouvre la porte du ciel, que dans les bras de l'a-
« mour qui ouvre la porte des ténébres.

« En me donnant de l'amour vous m'avez donné
« de la vertu : vous m'avez préservé contre moi-
« même.

« Ah! si vous m'aviez aimé en me donnant l'a-
« mour ! »

. . . .

« Ne me pleurez pas. Embrassé votre sœur, et
« un jour, en conptant vos bonnes fortunes, dite
« que la femme qui vouz a le plus aimé est morte
« par vous. »

. . . .

Les lettres de Rosine à son père, à sa mère et à sa jeune sœur étaient sur la table : des chefs-d'œuvres de style sans orthographe.

Le matin, de bonne heure, Rosine était descendue chez le portier pour le prier de porter vers midi la lettre adressée à Edmond La Roche; après quoi, sous prétexte d'un violent mal de dents, — elle qui n'avait que des perles dans la bouche, — elle avait obtenu du chloroforme à la pharmacie voisine; elle était remontée et redescendue coup sur coup pour donner la clef au portier et lui recommander de la remettre à M. Edmond La Roche, qui sans doute la demanderait dans la journée.

Voilà tout ce qu'on savait.

— Est-il possible que tant de beauté soit pour la tombe! disait Edmond La Roche dans son désespoir.

Rosine n'avait jamais été plus belle : la mort avait répandu sur sa figure cette expression toute divine qui est comme le dernier adieu de l'âme.

XXIX

LE BOUQUET D'UN SOU

Edmond La Roche veilla Rosine le jour et la nuit, en compagnie de l'étudiant en médecine.

La Folie Amoureuse voulut entrer dans cette chambre funèbre qui avait caché tant de douleur et tant de vertu, — j'ai voulu dire tant d'amour, — mais Edmond La Roche chassa cette fille avec une sainte colère.

Le lendemain matin, la fille de l'hôtelière ensevelit la morte.

Quand Rosine fut pour l'éternité couchée dans le

cercueil, Edmond La Roche lui découvrit la tête, dénoua sa belle chevelure et la répandit chastement sur le linceul.

Avant que le cercueil fût cloué, il descendit dans la rue et alla jusqu'à la porte du Luxembourg acheter un bouquet de violettes d'un sou, pareil à celui qu'il avait pris autrefois au sein de Rosine.

Il retourna à l'hôtel et mit pieusement les violettes à la main de la morte.

LE REPENTIR
DE MARION

> Je veux mourir comme mon divin Maître, les mains clouées sur la croix, pour oublier que j'ai fermé les bras sur les mauvaises passions.
>
> L'amour a été le pain quotidien de mon âme.
>
> J'ai bu goutte à goutte la rosée que le ciel avait versée dans le calice. Mais le calice s'est brisé.
>
> On m'a présenté la coupe d'or de la courtisane : j'ai bu, mais bientôt j'ai détourné mes lèvres.
>
> J'ai voulu mourir de faim sur la terre pour aller vivre du pain éternel de la table de Dieu.
>
> *La légende de Marion.*

LE REPENTIR DE MARION

I

OÙ IL N'EST PAS DIT UN SEUL MOT DE MARION

Paris — ceci n'est pas un paradoxe — est encore le pays le plus inconnu. Les voyageurs les plus aventureux ne vont que là où vont les omnibus : de la Madeleine à la Bastille, et du Panthéon à Notre-Dame des Lorettes.

Vous qui, en Italie, vous êtes détourné de vingt lieues — en voiturin! — pour voir un bas-relief de Donatello, connaissez-vous les bas-reliefs de Jean Goujon dans la rue des Rats? Vous qui avez été voir le tombeau de Virgile sous les pampres du Pausilippe, avez-vous salué la maison de Balzac, la maison de Lamennais, la maison de Béranger, à Beaujon?

Beaujon est une montagne semée de villas à demi cachées dans des arbres centenaires, où le grand millionnaire du dix-huitième siècle, M. de Beaujon, a bâti son château, il faudrait dire sa petite maison, car son château, c'était l'Élysée*. Que de grands seigneurs, aujourd'hui, se sont élevé des palais dans ce parc immense qui allait de l'Élysée au bois de Boulogne!

Ce pauvre Balzac est venu mourir, tué par le génie et le café, — deux poisons vifs, — entre le mur de la chapelle où était enterré M. de Beaujon et le mur du boudoir où M. de Beaujon se donnait le luxe de faire danser mademoiselle Guimard pour lui seul.

* On sait que l'Élysée passa de M. de Beaujon à madame de Pompadour. Le château Beaujon est aujourd'hui habité par Gudin, qui aime mieux être un grand seigneur qu'un grand peintre.

Non loin de là, on peut saluer le prince Stourza dans son palais des *Mille et une Nuits*, et le duc de Brunswick dans sa forteresse allemande, qui porte ses couleurs, car la façade est peinte en rose.

Beaujon est aujourd'hui le pays des princes proscrits : entre ces deux têtes royales, on peut reconnaître la physionomie charmante du prince de Capoue, qui dit que Beaujon est la Capoue de Paris.

* C'est aussi le pays de la philosophie : Lamennais s'est réfugié rue Lord-Byron ; — de la poésie : Béranger s'est caché rue Chateaubriand ; — de la comédie : Augustine Brohan y a dit ses plus beaux mots ; — des arts : Lehmann y élève un palais, le comte de Nieuwerkerke un atelier, Gigoux la maison d'Horace.

Rosa Bonheur a débuté là, dans les beaux pâturages du Bel-Respiro où s'ébattaient les jolis poneys de Théophile Gautier ; c'est là que le comte d'Orsay a sculpté sa belle tête de Lamartine.

II.

QUE MARION N'ÉTAIT PAS SŒUR DE MARION DELORME

M. de Beaujon « sacrifiait aux Grâces, » comme disaient les poëtes du temps. C'était le plus souvent à l'Opéra qu'il prenait ses divinités. Qui le croirait? cet homme qui semblait coulé en or était toujours amoureux comme un enfant qui sort du collége. En vain il se donnait les airs d'un roué de la régence : son cœur battait sous son masque moqueur. Aussi les coquettes avaient beau jeu avec lui. *Ah! si je lui avais fait faire antichambre!* disait mademoiselle Gaussin, le voyant passer un jour dans son carrosse à quatre chevaux, tandis qu'elle allait à pied par le mauvais temps, ses porteurs étant ivres. Il est vrai que l'amour de mademoiselle Gaussin n'avait pas d'antichambre.

M. de Beaujon avait ses pauvres, dont il s'amusait à faire des riches. Les pauvres le trompaient comme ses maîtresses. C'est-à-dire que des coquins plus ou moins déguenillés, des lazzaroni de la Pépinière, des saltimbanques des Champs-Élysées, parvenaient à vivre au soleil des générosités du financier.

Un matin, il reçut une supplique dont la belle orthographe le frappa, dans ce temps où les duchesses écrivaient avec tant d'esprit et avec si peu d'orthographe.

« Je supplie M. de Beaujon de secourir trois infor-
« tunés qui vont mourir de faim et de froid, s'il ne
« devient leur providence ; il y a une femme malade,
« il y a un enfant malade, il y a une pauvre fille qui
« les veille et qui est au bout de ses forces. Les deux
« derniers hyvers, nous ne nous sommes guère chauf-
« fés qu'au soleil. Depuis quelques jours, le froid est
« si rigoureux que nous ne savons plus où nous met-
« tre. Tout ce que nous avions y a passé. J'ai beau

« travailler soir et matin, la misère va plus vite que
« moi. Dieu nous fasse la grâce d'habiter un cimetière,
« si M. de Beaujon ne daigne penser à nous.

« Marion de la Ferté,

« Rue Saint-Dominique-du-Roule. »

III

POURQUOI IL Y AVAIT UN ENFANT CHEZ MARION

M. de Beaujon sonna son valet de chambre.

— Laprairie, tu vas prendre vingt-cinq louis, tu iras tout droit sans t'arrêter, ni au cabaret, ni chez les blanchisseuses, ni avec les fleuristes de la Pépinière, rue Saint-Dominique-du-Roule, chez mademoiselle Marion de la Ferté.

— Quoi! vingt-cinq louis du coup! elle est donc bien jolie? murmura Laprairie entre ses dents.

— C'est possible, dit M. de Beaujon, qui l'avait entendu. Mais j'y vais moi-même.

Le financier ajusta sa perruque et prit sa canne à pomme de porcelaine peinte par Kleinshteat.

Ce n'était pas la première fois que M. de Beaujon sortait à pied ; on le rencontrait çà et là le nez au vent, comme s'il cherchait une aventure.

Le voilà qui arrive dans la petite rue Saint-Dominique-du-Roule. Il devine la maison, il s'enfonce dans l'allée et monte quatre à quatre, en homme qui ne sait pas s'il s'est mis en route pour une bonne action ou pour une mauvaise action. N'y avait-il pas de l'une et de l'autre? N'est-ce pas souvent la main du démon qui secoue l'arbre d'or et de pourpre de la charité?

Au troisième étage, il s'arrêta tout essoufflé devant une fraîche et rubiconde marchande des quatre saisons, qui faillit l'ensevelir sous une avalanche de salade.

— Prenez donc garde, dit Jeanne La Pie à M. de Beaujon, au train dont vous y allez, nous ne pouvons pas passer tous les deux à la fois. Où montons-nous donc si matin avec cet habit de cour?

— Je n'en sais rien, dit M. de Beaujon ; connaissez-vous mademoiselle Marion de la Ferté?

— Si je la connais! Ne m'en parlez pas : misère et compagnie. Sur ma foi, si je n'avais pas trois enfants sur la paille, je m'occuperais un peu de leur cuisine. Si vous saviez, mon beau monsieur, il y a un pauvre petit enfant qui n'a qu'un souffle et qui a l'air d'avoir toujours vécu de l'air du temps. Avant-hier il avait pleuré toute la nuit. Je suis allée le voir avant de partir pour le marché : il n'avait plus la force de crier; mais il ouvrait son petit bec comme les oiseaux qui attendent la becquée. Je l'ai pris dans mes bras et je lui ai donné mon sein; car, Dieu merci, la gamelle est bonne; aucun de mes enfants ne s'en est plaint. C'est bien étonnant, il y avait plus de six semaines que l'enfant n'avait bu à cette bouteille-là. Eh bien! il s'en est donné à cœur joie, comme si c'était son habitude. Hier, je lui ai encore donné à boire; aujourd'hui, je n'ai pas encore eu le temps de monter.

Tout en écoutant, M. de Beaujon avait dépassé la marchande des quatre saisons : il arrivait au quatrième étage, c'est-à-dire à la dernière porte d'une odieuse maison qui semblait bâtie pour loger toutes les désolations.

C'était l'enfer sans feu.

Il frappa doucement à la porte; il fut soudainement ébloui par l'apparition d'une jeune fille belle de ses vingt printemps, belle de sa grâce, belle de sa beauté.

Elle était pâle, ce qui donnait encore plus d'éclat à ses yeux. Ses beaux cheveux noirs, bouclés à la Ninon, n'étaient pas éteints par la poudre. Elle était vêtue de noir, avec une simplicité savante qui dissimulait la misère.

— Mademoiselle Marion de la Ferté? dit M. de Beaujon en s'inclinant.

— Est-ce que ce serait M. de Beaujon? dit la jeune fille avec un sourire d'espérance qui n'effaça pas toutefois la tristesse empreinte sur sa figure.

Elle fit entrer le financier dans l'unique chambre où vivait une vieille femme, une jeune fille et un enfant, sans air, sans soleil, sans pain et sans feu.

— Quoi! s'écria M. de Beaujon, vous en êtes réduite à une pareille misère?

A cet instant, et pour toute réponse, l'enfant pleura dans son berceau.

— Que diable, poursuivit M. de Beaujon, puisqu'il y a un enfant ici, il devrait y avoir un homme.

Et il pensait en lui-même qu'il était bien étonnant qu'une si belle fille eût été si jeune abandonnée.

— Hélas! dit la mère, depuis la mort de M. de la Ferté, qui a servi le roi, nous n'avons pas vécu en brillante compagnie, on nous a fuies, moi et ma fille, sous prétexte qu'il n'y a rien de bon à gagner avec ceux qui sont pauvres.

— Mais enfin, se disait en lui-même M. de Beaujon, cet enfant-là n'est pas venu tout seul.

Et il regardait à la dérobée la jeune fille, tout surpris de son grand air de simplicité et d'innocence.

— Mademoiselle, je ne suis pas de ceux qui ont peur des pauvres. Ce qui me manque le plus, ce n'est ni l'argent ni la bonne volonté, c'est le temps, le temps, la seule chose chère pour moi. Je suis à vos ordres, que voulez-vous que je fasse? Est-ce assez de vous donner ma bourse? vous chargerez-vous bien du reste, ou faut-il que je m'occupe moi-même de vous trouver un logement digne de vous?

A cet instant, la marchande des quatre saisons, qui était curieuse autant que bonne, entra bruyamment dans la chambre.

— Voyons, dit-elle d'un air attristé, mais sans toutefois masquer tout à fait son air jovial, nous allons donner à boire à ce pauvre petit ivrogne.

Et, sans plus de façon, Jeanne La Pie dévoila une blanche mappemonde et mit l'enfant à cette table somptueuse.

M. de Beaujon se demandait pourquoi la jeune fille ne donnait pas à boire à son enfant.

C'était au temps où Jean-Jacques appelait marâtres toutes les mères qui n'étaient pas à la fois mère et nourrice.

— Vous avez donc perdu votre lait? dit M. de Beaujon à la jeune fille, sans songer le moins du monde qu'il allait l'offenser jusqu'au fond du cœur.

Mademoiselle Marion de la Ferté rougit et pâlit tour à tour; elle se détourna pour essuyer deux larmes.

— Je ne suis pas la mère de cet enfant, dit-elle avec douceur, comprenant bien que M. de Beaujon avait pu se tromper.

— Vous n'êtes pas la mère! alors je m'explique pourquoi le père n'est pas ici.

M. de Beaujon prit la main de la jeune fille et lui demanda pardon.

— Mais pourquoi cet enfant? reprit-il.

— Pourquoi cet enfant? répondit mademoiselle de la Ferté, c'est parce qu'il fallait que cet enfant eût une mère.

— Ah! oui, mon bon monsieur, s'écria la nourrice improvisée, c'est une belle action qui lui vaudra sa part du paradis. Figurez-vous qu'il y avait là, porte à porte, une pauvre femme qui s'était laissé prendre aux beaux discours d'un soldat aux gardes françaises. Un enfant est venu, le père s'est en allé. A force de chagrin, la mère est morte; il est vrai qu'elle n'avait plus de lait à donner à son enfant. On n'est pas riche quand on monte notre escalier. De ceci ou de cela, nous n'en savons rien, elle est morte, si bien qu'il a fallu l'enterrer aux frais de la maison. Il y en a qui ont un chien à leur enterrement; la pauvre malheureuse s'est en allée toute seule. Et comme son enfant pleurait : Qui est-ce qui aura le cœur de le porter aux Enfants-Trouvés? disions-nous. Voilà que mademoiselle, qui avait veillé la mère à ses trois dernières nuits, prit l'enfant sur son cœur pour lui dire adieu. Et voilà que ce pauvre cher enfant s'attachait de ses petites mains à son cou, comme s'il avait peur de la quitter. C'était à fendre le cœur. « Eh bien, dit-elle, tu n'iras pas aux Enfants-Trouvés; je travaillerai pour toi un peu plus tard, tant qu'il restera de l'huile dans la lampe. » Car il faut que vous sachiez, mon beau monsieur, que cette jeune demoiselle brode comme une fée dix-huit heures par jour, pour gagner dix sous. Et que voulez-vous qu'on fasse avec dix sous, quand on a une mère quasi aveugle et un enfant au berceau? Misère des misères!

Tout y a passé, ce qu'on a et ce qu'on n'a pas. Ah! il y en a plus d'une qui fait un autre usage de ses vingt ans!

La jeune fille détournait la tête. M. de Beaujon, attendri jusqu'aux larmes, lui reprit la main et la baisa avec respect.

— Et je me croyais charitable, moi! dit-il avec humilité. Moi, je ne donnais que mon argent, vous, vous donniez votre vie. Si cet enfant ne devient pas un grand cœur, il est indigne du jour.

La marchande des quatre saisons s'était approchée tout contre M. de Beaujon.

— N'est-il pas joli, l'enfanchon?

L'enfant, qui s'était régalé tout son soûl, se mit à sourire au financier, soit qu'il fût content de son déjeuner, soit que la figure de M. de Beaujon le mît en gaieté. Il montrait ses quatre petites dents, où l'on voyait perler encore une dernière goutte de lait.

M. de Beaujon, pour l'entretenir dans sa belle humeur, lui montra tour à tour ses breloques, sa montre et sa canne. L'enfant prit plaisir au jeu, il tendait ses petites mains pour tout saisir, si bien que, le financier s'étant penché sur lui pour l'embrasser, l'enfant attrapa sa perruque et la fit tomber sur le carreau. La nourrice de hasard éclata de rire, et M. de Beaujon eut le bon esprit de faire comme elle, tout en rajustant sa perruque.

— Eh bien ! dit-il en frappant le carreau de sa canne, puisque j'ai amené la gaieté ici, je veux qu'elle y reste.

M. de Beaujon était un philosophe : il pensa qu'il était dangereux pour cette belle vertu de vingt ans de la changer soudainement d'atmosphère. Il y avait là un tableau biblique un peu sombre qu'un peu d'or allait illuminer.

— Adieu, dit le financier en donnant une poignée d'or à la mère. Je viendrai vous revoir. Quand vous n'aurez plus d'argent, écrivez-moi.

Et il s'en alla le cœur content. Jeanne La Pie le rejoignit dans l'escalier.

— Vous êtes un brave homme, vous, lui dit-elle gaiement, mais avec émotion; vous êtes un brave homme, et j'ai bien envie de vous embrasser.

M. de Beaujon pensa qu'il aimerait mieux embrasser Marion; mais il se laissa embrasser de fort bonne grâce.

IV

MARS ET VÉNUS

A six semaines de là, M. de Beaujon fit une seconde visite à mademoiselle Marion de la Ferté. Il la trouva à la fenêtre, devant un petit jardinet de roses et de verveines. Il ne la vit plus seulement sous l'image de la charité, il la vit sous sa vraie figure, qui était celle de la jeunesse.

Elle lui dit combien elle était heureuse du bonheur de sa mère et du cher petit enfant, qui dormait dans un berceau tout embelli par ses mains. L'intérieur, naguère si désolé, avait pris un air de fête; c'était la pauvreté encore, mais la pauvreté bénie du ciel, la pauvreté qui chante et qui rit à belles dents.

M. de Beaujon se pencha à la fenêtre pour respirer les roses.

— Ah! ah! dit-il d'un air malin, vous n'êtes pas tout à fait seule à cette fenêtre, si j'en crois ce beau capitaine de mousquetaires qui lit un roman à la fenêtre voisine.

Marion rougit et dit qu'elle ne connaissait pas son voisin, mais qu'il était fort apprécié par l'enfant pour ses beaux habits.

— C'est cela, dit M. de Beaujon, c'est l'Amour qui conduit Mars dans les bras de Vénus.

— Mars peut-être, dit Marion, mais Vénus, jamais!

Et elle dit ces mots d'un air si digne et d'une voix si fière, que M. de Beaujon eut regret d'avoir hasardé sa métaphore mythologique.

— Oui, oui, pensa-t-il, quelques escarmouches qui n'aboutiront qu'à une défaite; car cette belle fille est née pour la vertu.

Et il s'en alla, après avoir baisé doucement le front de Marion.

— Ah! dit-il dans l'escalier, si j'avais rencontré une pareille tête à l'Opéra!

M. de Beaujon retourna, au bout d'un mois, rue Saint-Dominique-du-Roule, mais ne trouva pas Marion. Il l'oublia peu à peu et ne chercha plus à la voir. Une passion l'emporta ailleurs. Il voyagea en Italie et revint en France trop préoccupé de retrouver quelques millions perdus pour s'attarder dans les sentiers touffus du sentiment. Il disait d'ailleurs avant madame de Staël qu'en toute chose, mais surtout en amour, il n'y a que des commencements. Que de préfaces on fait avant d'avoir écrit son livre !

V.

LA CHANSON DES AMOUREUX

Un soir que M. de Beaujon chassait avec la cour dans le bois de Meudon, il se laissa devancer par la cavalcade, et, ne sachant où la rejoindre, il prit le parti de l'attendre sous les murs du château.

C'était un mauvais chasseur que M. de Beaujon; il était fier d'être de la chasse royale, mais il aurait bien voulu y être en peinture, n'étant pas si maître de son fusil et de son cheval que de ses millions.

Il mit donc pied à terre et attendit, en ouvrant

l'oreille : le bruit du cor et l'aboiement des chiens retentissaient sous les grands arbres.

Mais ce qui frappa l'oreille de M. de Beaujon, ce fut une chanson chantée par la voix de femme la plus fraîche qui fût au monde, sur un vieil air de Lulli.

I

Aimons-nous follement,
C'est la chanson, ma mie,
Que dit le cœur de ton amant
A chaque battement.
La plus belle folie,
Sous un ciel d'Italie,
Est d'aimer follement.

II

Aimons-nous follement.
La science de vivre
Est de mourir tout doucement
Sur ton sein chaste et blanc,
Où l'amour, étant ivre,
Écrivit ce beau livre :
Aimons-nous follement.

III

    Aimons-nous follement,
    Jusqu'à la frénésie.
Que dit le rossignol charmant,
    L'étoile au firmament,
    L'art à la poésie,
    La lèvre à l'ambroisie?
    Aimons-nous follement.

M. de Beaujon avait oublié qu'il chassait avec le roi de France.

— Oui, oui, dit-il en laissant tomber la bride de son cheval, aimer! tout est là.

Et, après un silence.

— Mais je n'aime pas! Et on ne m'aime pas.

A cet instant, il entrevit à travers les rameaux déjà un peu dépouillés la robe et la pelisse de celle qui avait chanté.

Elle n'était pas seule.

— Quoi! dit M. de Beaujon, c'est pour un mousquetaire qu'on chante ainsi! Quelque coquin qui n'a pas un écu au soleil!

VI

MÉTAMORPHOSE DE MARION

M. de Beaujon fut invité par Sophie Arnould à venir pendre la crémaillère à la petite maison qu'elle avait achetée dans la Chaussée-d'Antin.

Quand il entra dans le salon, une belle fille était au clavecin, qui chantait l'air célèbre de Richard Cœur-de-Lion : *Une fièvre brûlante...* C'était une admirable voix vibrante et délicate, sonore et veloutée, qui allait droit au cœur et y retentissait.

— Ah! vous voilà, Plutus-Apollon! s'écria Sophie

Arnould (M. de Beaujon rimait galamment). Entendez-vous Armide qui chante?

M. de Beaujon avait pâli.

— Armide, dit-il, comment s'appelle-t-elle?

— Vous ne la connaissez pas? c'est le miracle de l'Opéra-Comique.

— C'est impossible, je la connais mieux que vous. Elle s'appelle mademoiselle Marion de la Ferté.

— Elle s'appelait comme cela l'an passé, mais aujourd'hui elle s'appelle mademoiselle Marion tout court *. C'est la vraie sœur cadette de Marion de Lorme.

— Ne me dites pas cela; je la sais par cœur.

Mademoiselle Marion de la Ferté avait cessé de chanter. Tout le monde s'était précipité pour lui dire qu'elle chantait comme les syrènes d'Homère.

M. de Beaujon s'approcha d'elle et lui dit sentencieusement :

— On pleure, on chante, voilà la vie. Je suis ravi de vous voir en si bonne compagnie.

— Est-ce une épigramme? La bonne compagnie,

---

* Marion avait laissé à la porte de l'Opéra-Comique son nom de famille, sur l'ordre de M. Papillon *de la Ferté*, intendant des menus.

c'est la mauvaise. Vous voilà bien étonné de me voir ainsi métamorphosée. Oui, un beau matin je me suis envolée du toit qui se souvient de vous : j'ai perdu ma mère, l'enfant est à l'école, moi j'ai fait l'école buissonnière. Il fallait bien faire une fin. Je ne pouvais pas toujours pleurer ma mère. J'ai pris un amant, ou plutôt je me suis laissée prendre par ce beau mousquetaire...

— Le mousquetaire, ah! mon Dieu! un mousquetaire! il ne vous manquait plus que cela!

— Vouliez-vous donc que ce fût un chevau-léger?

Et, disant cela, la belle Marion fit une pirouette pour mettre un point à la conversation.

— A propos, dit-elle en revenant à M. de Beaujon, ce n'est pas la première fois que vous m'entendez chanter. Ne vous rappelez-vous pas ce jour de chasse dans les bois de Meudon? Je croyais que vous m'aviez reconnue?

— C'était vous?

Le financier n'en revenait pas.

— C'était moi, c'était lui.

Et Marion indiquait du doigt M. de Lagarde silencieux à la cheminée.

M. de Beaujon était fort ému ; il avait beaucoup

étudié les femmes en vivant avec elles, comme font les vrais philosophes ; il les connaissait par toutes leurs folies, par tous leurs caprices, par toutes leurs contradictions. Mais là il se trouvait pris en défaut ; il ne pouvait pas admettre le fait accompli. Quoi ! cette belle fille, qui veillait sur un berceau comme l'ange de la vertu, pâlie et désolée par la misère, cette belle fille, que la faim n'avait pu courber vers les tentations, cette douce et timide Marion, que sa beauté elle-même n'avait pu entraîner au mal, un beau matin, laissant derrière elle tout ce passé chaste et pieux, elle avait suivi le premier mousquetaire venu qui avait frappé à la porte de son cœur !

— Après tout, murmura le financier, qui ne perdait pas de vue l'adorable et folle Marion, si j'avais su cela, j'aurais pu être le mousquetaire ; je me croyais un philosophe, je ne suis qu'une bête ; plus on étudie les femmes, et moins on les connaît. Ou plutôt la femme, c'est toujours la femme, le bien et le mal pétri sous la main de Dieu. Je croyais, pour cette fois, avoir rencontré le marbre le plus pur ; maintenant que le voile est tombé, ce n'est plus que de l'argile.

Sophie Arnould vint gaiement interrompre M. de Beaujon.

— Eh bien! financier, vous avez ce soir l'air d'un pauvre d'esprit!

— Vous avez bien raison, et si vous ne venez à mon secours, je ne ferai pas honneur à ma signature.

— Je ne prête qu'aux pauvres. Est-ce que vous seriez amoureux?

— **Amoureux!** Et de qui s'il vous plaît? Il n'y avait qu'une vraie femme à Paris, et la voilà perdue.

M. de Beaujon regardait toujours Marion.

VII

LE PREMIER ROMAN DE MARION

M. Raoul de Lagarde, capitaine de mousquetaires, aimait passionnément mademoiselle Marion de la Ferté.

Ils avaient débuté comme de vrais amoureux de roman : l'amour à la fenêtre, l'amour dans les bois, l'amour dans les prés. Le capitaine, lui aussi, s'était laissé prendre au sentimentalisme rêveur, au naturalisme romanesque de Jean-Jacques. Au lieu d'entraîner Marion à la comédie ou à la guinguette, il avait couru avec elle les bois de Satory et les prés Saint-Gervais, lui cueillant des bouquets et écoutant ses chansons.

Ainsi s'étaient passées six semaines; après quoi M. de Lagarde demanda à son ami Philidor si Marion, avec sa voix et sa figure, n'obtiendrait pas des débuts à l'Opéra-Comique.

Marion vit se lever son étoile dans son ciel amoureux. Elle fut accueillie au théâtre avec enthousiasme. Diderot fut amoureux de sa figure, Duclos fut amoureux de sa voix, Grétry fut amoureux de sa figure et de sa voix. La voilà tout d'un coup la reine du jour : il y avait si longtemps qu'on n'avait vu chanter une si belle bouche !

Marion cependant, au milieu de son triomphe, n'avait pas donné un battement de cœur à d'autres qu'à son amant. Elle croyait que cela ne finirait pas, et que lui et elle se trouveraient ensemble au coin du feu, comme Philémon et Baucis à cent ans, un peu plus, un peu moins.

VIII

DU DANGER D'AIMER UN MOUSQUETAIRE

L'amour n'aime pas les grandes routes qui vont si loin. Un soir Marion ne chantait pas : elle s'était enrhumée la veille et elle buvait de la tisane. L'amour n'aime pas la tisane. Le mousquetaire sortit. « Où vas-tu ? — Je ne sais pas. — Je veux le savoir. — Je te le dirai quand je reviendrai. — Tu ne m'aimes plus. — Je t'adore. » Et le voilà parti.

Et soudainement, jalouse jusqu'au fond du cœur, elle jette une pelisse sur ses épaules et le suit à pas de loup. Ils demeuraient ensemble rue de l'Arbre-Sec; il prend la rue Bailleul, toute peuplée de grisettes. Marion n'ose le suivre, mais elle le suit des yeux. Pauvre Marion! c'était alors qu'il fallait mettre le bandeau de l'amour! C'est impossible, dit-elle. Oui, impossible; mais cela était. Le capitaine Lagarde était entré au cabaret avec la première venue. Ainsi va l'amour, l'amour à la mousquetaire.

La pauvre Marion n'eut pas assez de larmes dans son cœur.

Quand revint M. de Lagarde, il ne la trouva plus. Ce simple billet l'attendait sur la cheminée :

« *Je vous ai trop aimé pour vous voir une heure de plus en face de moi. Je m'en vais avec la mort dans le cœur.*

« *Adieu.* »

« *MARION.* »

Le lendemain, Marion chantait!

Elle avait cru que cela lui serait impossible, mais l'atmosphère du théâtre changea ses idées Elle comprit tristement qu'à force de distractions on peut guérir un pauvre cœur blessé. Et elle se jeta à corps perdu dans toutes les folies de la vie de théâtre. « Et quand je pense, disait-elle souvent, que c'est pour oublier mon cher capitaine que je me suis ainsi oubliée moi-même ! »

Marion ne s'enivra pas longtemps à la coupe dorée de la jeunesse ; elle ne fit qu'un tour de valse dans le tourbillon des belles années. Elle transforma l'Opéra-Comique en jardin d'Armide ; elle fut assiégée par tous les Renaud de la cour, de l'armée et de la ville ; mais elle eut des amants et point d'amour.

Un exemple entre vingt :

Le soir de la première représentation de la *Rosière de Salency*, Marion avait trouvé Grétry si triste dans son triomphe, qu'elle était allée à lui :

— Eh bien ! Grétry, voilà donc la figure du bonheur ! Ah ! vous avez bien raison, le bonheur a des larmes dans les yeux.

Et, tout en lui parlant ainsi, elle avait croisé ses deux mains sur l'épaule du musicien.

— La figure du bonheur, dit Grétry en effleurant de ses lèvres les cheveux de Marion, je sais bien où elle sera ce soir.

— Où donc?

— Chez vous, avec vous.

Il y avait six mois que Grétry couronnait Marion de ses doubles-croches parmi les trois ou quatre femmes qu'il aimait.

— Je serais curieuse, dit Marion en penchant son front sur le sein de Grétry, de voir la figure que vous feriez chez moi.

C'était la curiosité d'Ève, et non celle de Madeleine.

IX

LE SECOND ROMAN DE MARION

Cependant l'amour revint.

Marion rencontra chez mademoiselle Laguerre quelques gentilshommes de fort bel air qui passaient leur vie à Versailles et à l'Opera, sans paraître se douter que le monde existât ailleurs.

Au premier abord, Marion pensa qu'il lui serait impossible d'aimer ces beaux enfants prodigues qui semblaient n'être venus au monde que pour vivre des folies de la vie. Aussi, pendant quelques semaines, tous ces coureurs d'aventures eurent beau papillonner autour d'elle, ils se brûlèrent les ailes en jouant avec le feu, sans qu'elle se laissât prendre au jeu.

Un soir qu'elle avait soupé en quatuor avec le marquis de Rouville, avec le duc de Durfort et mademoiselle Laguerre, elle permit au marquis de la conduire en carrosse jusqu'à sa porte. Il en voulut franchir le seuil : elle lui ferma la porte au nez. Mais, quand elle se sentit toute seule, elle s'avoua à elle-même que M. de Rouville avait peut-être franchi le seuil de son cœur.

Il y avait près d'un an qu'elle avait brisé avec le mousquetaire, celui-là qui l'avait enlevée à la pointe de son épée. L'amour aime les contrastes. Le marquis, avec ses belles manières, ses phrases aiguisées en *concetti*, son sourire à la fois railleur et sentimental, parut digne d'être aimé à ce cœur un peu désert qui cherchait des distractions.

Depuis sa rupture avec son premier amant, Marion n'avait aimé qu'à vol d'oiseau. Elle aussi avait connu ces amours sans lendemain qui naissent d'une rencontre imprévue, d'un souper bruyant, de l'ennui de la solitude, de l'enthousiasme d'une heure : — ainsi son aventure avec Grétry; — mais elle ne s'était plus engagée dans ces passions sérieuses qui prennent leur source dans l'amour et vont se perdre dans la mort.

Marion lutta longtemps contre les coquetteries et les prières de M. de Rouville; chaque jour de lutte fut une chute de plus pour son cœur. Elle disait tout haut qu'elle n'aimait pas, mais bientôt elle ne trompa ni le marquis ni elle-même. Elle retomba dans toutes les joies amères dont le souvenir irritait encore ses lèvres. Elle aima M. de Rouville, non pas comme elle avait aimé M. de Lagarde : la première fois, ç'avait été la prescience de l'amour; la seconde fois, c'était la science. Les amours se suivent et ne se ressemblent pas; c'est l'histoire des saisons et des voyages; on aime le second amant parce qu'il ne ressemble pas au premier, ou plutôt on cherche encore son premier amant dans le second.

Le marquis de Rouville, qui n'avait pas une grande fortune, mais qui mangeait le fond avant le revenu, initia Marion à toutes les exquises élégances de la vie à la mode. Il la fit entrer par la porte dorée du luxe parisien, qui était, il y a un siècle, le luxe de l'esprit et des yeux. Ce fut Boucher lui-même qui peignit le boudoir de Marion. N'est-ce pas dire en un seul mot que tous les raffinements de la galanterie furent épuisés pour elle?

Et pourtant, quoiqu'elle fût toute à son amour, il lui revenait comme par fraîches bouffées des souvenirs du temps où, dans sa grâce sans ornement et sa pureté qui semblait inaltérable, elle tombait agenouillée le soir à cette pauvre fenêtre de la rue Saint-Dominique-du-Roule, d'où elle voyait le ciel si bleu.

— A quoi pensez-vous donc? lui demanda un jour le marquis.

— A quoi je pense? dit-elle en continuant son rêve. Je pense à ces matinées où je me levais avec le soleil et où je déjeunais en compagnie des oiseaux familiers qui venaient becqueter dans ma main. Aujourd'hui que je suis sans cesse en festins, ils ne viennent plus ramasser les miettes de ma table.

Un nouvel amour est un renouveau pour le cœur; c'est l'aubépine toute blanche et toute parfumée, — qui bientôt n'est plus qu'un buisson. — L'amour y chante encore, mais on lui dit comme le paysan au rossignol : « Tais-toi donc, vilaine bête, qui m'empêche de dormir.. »

M. de Rouville n'aimait pas Marion pour l'aimer toujours. Quand il fut de notoriété galante qu'il avait été son amant le soir et le matin; quand il se fut donné en spectacle avec elle, en loge à l'Opéra ou à la Comédie, en carrosse au bois ou en chenille dans sa ruelle, il avisa une autre conquête. Il ne savait pas le trésor qu'il avait sous la main, car pour lui Marion n'était qu'une fille galante comme la première venue. C'était bien moins sa beauté et son cœur qu'il avait voulu conquérir que le bruit qu'elle faisait alors.

Le marquis avait l'habitude de traîner avec lui, comme compagnon d'aventures, un prince russe plus ou moins authentique, qui était devenu fort épris de Marion. Il n'y mettait pas de mystère. Marion s'en était amusée d'abord; mais, comme au fond elle prenait tout au sérieux, elle finit par s'impatienter des madrigaux moscovites du prince Ouzakoff.

— Votre ami, dit-elle un jour à M. de Rouville, me fait perdre patience; il me chante toujours sa sérénade en *la* mineur; conseillez-lui donc de perdre ce ridicule.

— Comment! cela vous offense! dit le marquis en pirouettant; mais je l'ai toujours considéré comme devant un jour ou l'autre me supplanter.

Ce mot amena un orage.

Marion fut illuminée d'une étrange lumière : elle vit que le marquis n'avait que le masque de l'amour et que ce masque allait tomber.

Le lendemain le masque tomba : elle surprit son amant dans le carrosse de mademoiselle Duthé.

M. de Rouville s'excusa par cette belle maxime : Quiconque est fidèle à sa maîtresse est infidèle à l'amour.

Cette fois Marion ne chanta plus : elle tomba malade et perdit sa voix — tout ce qui lui restait.

X

VOYAGE A PERTE DE VUE

Ce fut alors que M. de Beaujon, qui était allé voir Marion çà et là, sans parti pris, comme on va saluer un souvenir ou une espérance, la trouva un soir tout éplorée et voulant mourir.

— Mourir! s'écria le financier.

— Vivre et n'aimer plus, n'est-ce pas mourir tous les jours?

— Ce sont des phrases, dit M. de Beaujon. Voulez-vous voyager?

— Oui, dit-elle vivement, pourvu que j'aille au bout du monde.

— Si vous voulez, ma chère, nous irons jusqu'à Versailles.

— Versailles! je veux m'enterrer ici ou aller vivre au milieu des bois.

— Au milieu des loups!

M. de Beaujon parut soudain illuminé par une inspiration.

— Nous irons, dit-il avec feu. Je cours sur-le-champ commander des chevaux.

Il prit son chapeau et baisa la main de Marion.

— Adieu! belle et désolée. Je reviens vous enlever dans une heure.

Il revint, il enleva Marion. Le carrosse était attelé de quatre chevaux qui allaient comme le vent.

— Ah! dit-elle, comme c'est bon de s'en aller et de songer qu'on ne reviendra plus.

— Vous aimiez donc bien votre dernier amant, ma chère Marion?

— Comme le premier.

— Vous n'avez aimé que deux fois?

— Je n'ai pas bien compté, mais je n'ai souffert que deux fois.

— Pauvre enfant! pour un mousquetaire qui courait les filles perdues et pour un marquis qui courait les filles d'Opéra!

— Est-ce que vous vous imaginez qu'on aime des saints? l'amour ne fait pas de morale en action.

— Pour qui vous a-t-on délaissée?

— Pour qui? pour aller du connu à l'inconnu. Une femme qui aime montre trop le dessous des cartes en jouant le jeu de l'amour.

— Ah! Marion, dans le pays de la galanterie, la fausse monnaie a un cours forcé. Les plus beaux sentiments sont marqués à une effigie douteuse, et le cœur le plus pur renferme beaucoup d'alliage.

— Voilà bien la morale d'un financier!

Et, pendant qu'ils parlaient ainsi, le carrosse allait toujours à travers un tourbillon de poussière. Après six relais, après six heures d'impétueux galop, M. de Beaujon demanda à Marion si elle n'avait pas faim.

— Oui, j'ai faim, grâce à l'air vif de la forêt que nous traversions tout à l'heure. Qu'est-ce que cette forêt-là?

— La forêt de Compiègne. Nous arrivons à un de mes châteaux. Si vous voulez, nous y souperons et nous y coucherons.

— Volontiers, d'ailleurs Compiègne c'est le bout du monde. Peut-être vais-je vouloir vivre dans votre château.

Quoique la nuit fût tout étoilée, la lune n'étant pas levée encore, on ne voyait que les grands arbres et les murs d'un parc.

On fit halte; on trouva bon feu, bon souper, bon gîte; Marion était calmée, sinon consolée.

Le lendemain, vers midi, elle ouvrit sa fenêtre. Elle fut enivrée par l'arome des roses. Les arbres les plus rares parsemaient cette retraite féerique; l'eau vive d'une fontaine jaillissait dans un bassin tout peuplé de naïades; un moulin à vent tournait pour tout de bon, quatre à quatre, aux bouffées matinales; quelques chaumières en ruine répandaient dans le lointain des nuages de fumée : l'art dans la nature et la nature dans l'art.

— Ah! dit-elle, si je pouvais arracher ici les mauvaises pages de ma vie !

XI

LA THÉBAÏDE

Vint une femme de chambre qui demanda si mademoiselle Marion descendrait pour déjeuner et qui lui offrit en attendant une tasse de chocolat, la plus jolie tasse de porcelaine de Saxe qui eût passé le Rhin, forme exquise où couraient des arabesques encadrant des peintures que Baudouin, le Raphaël de la miniature, eût signées avec orgueil.

— Je me croyais au désert, comme Madeleine, dit Marion ; je retrouve ici tout le luxe de ma folle vie.

Mais où se fuir soi-même? les déserts n'empêcheraient pas mon cœur de battre.

Elle ne put s'empêcher de se mirer dans une glace à biseaux tout encadrée de pierres fines.

— Je suis pourtant belle encore dans ma pâleur, dit-elle en essuyant une larme.

Et elle se mit une fois de plus à rêver au marquis de Rouville, qui était bien l'homme du monde le plus digne et le plus indigne d'une pareille passion. Il avait trahi Marion, mais il l'avait aimée. S'il l'eût trahie un jour plus tard, peut-être les rôles eussent-ils changé. Dans la trahison comme dans l'amour, il faut arriver à temps. En ce divin combat, où luttent toujours deux bêtes féroces enchaînées par les caresses les plus douces, — qui sont des caresses de tigre, — il faut savoir se jeter à propos sur son ennemi, car deux amants sont deux ennemis un jour ou l'autre irréconciliables.

XII

CELUI-CI ET CELUI-LA

Marion aimait l'ombre d'un sycomore, tout envahi par le lierre, où venait siffler un merle railleur.

Elle s'y arrêtait par les jours de soleil et y rêvait toute une heure aux images du passé. Les images du passé, c'étaient le capitaine Lagarde et le marquis de Rouville. Les amants qu'on n'aime pas ne marquent pas plus dans l'âme que les jours vagues dans la vie. Ces amants-là avaient passé dans le cœur de Marion comme les tourbillons de la valse devant un miroir de Venise.

— Je ne me souviens pas des rêves de la nuit quand j'ai soupé tard, disait-elle souvent.

Celui qu'elle avait le plus aimé, c'était encore le capitaine, mais leur rupture avait défloré la fraîche poésie de cet amour qui avait embaumé toute une saison par ses senteurs de primevère.

XIII

POURQUOI MARION S'ENFUIT DU CHATEAU

Marion promena ses larmes dans tous les détours de cette belle solitude. M. de Beaujon avait trop d'esprit pour l'arracher à ses chagrins. Il la laissait à tout le charme amer des souvenirs, espérant qu'un jour elle viendrait à lui, sinon pour être consolée, au moins pour être distraite. Il ne la voyait guère qu'à l'heure du dîner, çà et là, le soir. Elle se mettait au clavecin et chantait les beaux airs qui avaient charmé M. de Rouvilie.

M. de Beaujon aimait fort la musique, quand le musicien s'appelait Marion. Aussi passait-il des heures adorables à la voir chanter. Elle avait perdu sa voix, mais M. de Beaujon ne savait-il pas, par Sophie Arnould qui n'avait jamais eu de voix, qu'une vraie chanteuse se passe bien de cela *?

— Eh bien! Marion, dit un soir M. de Beaujon avec un air railleur, regrettez-vous Paris?

— Moi! s'écria Marion, jamais. L'air pur des forêts est venu jusqu'à mon cœur.

— Phrase de philosophe! L'air pur des forêts! savez-vous où vous êtes?

— Dans la forêt de Compiègne.

— Vous êtes à Paris.

— A Paris!

— Nous avons voyagé cinq ou six heures dans le bois de Boulogne, après quoi nous sommes revenus dans cette austère solitude, entre les Champs-Élysées et la Pépinière, à une portée de fusil de mon palais de l'Élysée, qui n'est plus à moi..

---

* Sophie Arnould, — « le plus bel asthme que j'aie jamais entendu, » disait Grimm, — avait aimé un violon de l'orchestre, qui jouait avec un violon brisé. « Quoi! vous avez aimé un violon? lui disait le comte de Lauraguais. — Oui, parce qu'il jouait comme je chante, *sur un violon brisé.* »

— Quoi ! ce dôme que je voyais du parc n'était pas la cathédrale de Compiègne ?

— C'est le dôme des Invalides.

— Et ce moulin à vent que je voyais de mon lit et qui me berçait dans mon sommeil ?

— Ce moulin à vent, c'est mon moulin à eau. C'est mon moulin de Marly qui remplit les bassins du parc de mon Versailles en miniature*.

— Ah! vous m'avez trompée ainsi! eh bien, puisque je suis à Paris, adieu, je retourne chez moi.

— Enfant! ne croyez-vous pas que vous allez y retrouver le marquis? Restez dans ce château, car je n'y pourrais plus vivre sans vous.

— Comment avez-vous fait pour y vivre seul, vous qui êtes l'homme du monde le plus recherché?

— J'y ai vécu seul avec vous parce que je vous aime.

— Mais je ne vous aime pas, moi.

— Il faut vivre avec quelqu'un et avec quelque chose. Les créanciers ont saisi vos meubles; vous n'avez plus de chez vous. Mais rassurez-vous : j'ai pris soin

---

* Il y a quelques années à peine que le moulin Beaujon a disparu.

de l'enfant que vous avez recueilli. Pour vous, vous vivrez chez moi et avec moi.

M. de Beaujon, conseiller d'État, trésorier et commandeur de Saint-Louis, était un homme digne d'être aimé ; on se tromperait fort si on le comparait aux Turcarets de la Régence. D'abord il n'avait pas de ventre, ensuite il n'avait pas le nez rubicond. C'était un homme qui avait de la figure et de l'esprit. Il aurait joué les amoureux bien plutôt que les financiers à la Comédie-Française. Il lui en coûta cher d'être riche : il ne fut jamais aimé.

Les plus jolies filles de Paris, comédiennes ou courtisanes, venaient à lui la bouche en cœur et les yeux en coulisse, mais pas un accent de vérité n'embellissait ces bouches profanes, pas un rayon de sentiment n'illuminait ces yeux menteurs. Au lieu d'inspirer l'amour, il n'inspirait que l'amour de l'or. « *Je t'aime,* » lui disait-on. Et on lui tendait une petite main aux doigts crochus qui, pour le premier venu, était une main charmante aux doigts effilés. Il était toujours dans un cercle d'or comme le soleil dans ses rayons. Aussi on ne le voyait pas. Dès qu'il entamait une aventure, on s'appliquait à lui dérober un de ses rayons, mais on n'allait pas jusqu'à lui. L'amour n'a pas d'escarcelle et ne sait pas compter. Bienheureux les pauvres d'argent, le royaume de l'amour est à eux.

Quand on sonna le dîner, M. de Beaujon qui lisait Jean-Jacques dans le parc, ferma le livre à la plus belle page, disant que le seul beau livre à lire c'était Marion.

Il ne la trouva pas dans la salle à manger.

— Qu'on aille avertir mademoiselle de la Ferté, dit-il au maître d'hôtel.

On ne la trouva pas dans sa chambre, on ne la trouva pas au salon, on ne la trouva pas dans le parc; on sonna une seconde fois sans qu'elle parût entendre la cloche. M. de Beaujon, devenu inquiet, cherchait lui-même la belle inconsolée, mais il lui fallut dîner seul. S'il dîna mal, peu vous importe; ce n'est pas l'histoire de M. de Beaujon que j'écris ici.

— Elle aura voulu aller chez elle, dit le financier, mais elle reviendra ce soir quand elle verra que les huissiers ont passé par là.

Elle ne revint pas — ni le soir — ni le lendemain — ni jamais.

M. de Beaujon pleura, mais avec de vraies larmes, cette vision évanouie. C'était la seule fois de sa vie qu'il eût vu passer le bonheur dans cette charmante image de Marion. En vain il tenta de l'oublier en reprenant son train de vie, en courant l'Opéra et les soupers galants. Mais il ne s'y retrouvait plus.

On retrouve encore à Beaujon le beau sycomore tout enseveli sous le lierre, qui s'appelle, par tradition, l'*arbre à Marion* *. M. de Beaujon aimait à lire ses chers philosophes à l'ombre de ce grand arbre; peut-être y retrouvait-il cette fraîche et poétique vision qui avait effleuré sa vie et avait répandu dans son cœur la soif de l'amour pour l'amour.

* L'*arbre à Marion* abrite aujourd'hui dans son lierre tout une famille d'oiseaux babillards qui désespèrent les voisins.

XIV

L'AIGUILLE DE MARION

Où était-elle, Marion? La pauvre fille avait en toute hâte repris le chemin de la petite chambre qu'elle habitait rue Saint-Dominique-du-Roule en ces tristes années de misère où Dieu, du moins, veillait sur elle, où l'amour du travail donnait à son cœur je ne sais quel doux battement d'espérance. La chambre était toujours là, pauvre et désolée comme autrefois, mais on y respirait encore l'air vif de la vertu. Cette chambre avait été habitée deux automnes seulement depuis l'absence de Marion : une fois par une repasseuse et une fois par un prêtre italien. Sans doute le séjour n'avait plu ni au prêtre ni à la repasseuse. Personne depuis n'avait voulu y poser son château de cartes.

— Eh bien, moi, j'y reviens et j'y mourrai, dit Marion à la femme qui lui contait cela.

Il lui restait des diamants qu'elle se hâta de changer contre un lit et quelques meubles. Elle put même avoir un mauvais clavecin, désormais son unique confident.

J'ai dit qu'elle brodait comme une fée. Elle reprit sa chère aiguille, mais, au premier point, elle sentit tomber son courage. Elle regarda les murs tout nus de sa chambre, elle se souvint de son luxe coupable, mais charmant.

— Non, non, dit-elle en jetant son aiguille, non, je n'aurai plus la force de vivre ici.

Le prêtre italien avait crayonné çà et là sur les murs des versets de l'*Imitation de Jésus-Christ*. Marion fut tout à coup frappée par ces lignes :

Vous retrouverez dans votre cellule ce que vous avez perdu au dehors.

La cellule est douce si on continue à y demeurer, elle devient mortelle si on la garde mal.

L'âme y trouve le ruisseau de larmes où elle se lave et se purifie pour devenir plus familière avec Dieu.

Marion tomba agenouillée, essuya ses larmes et ramassa son aiguille.

— Ma chère aiguille! dit-elle en la portant à ses lèvres.

Elle se mit au travail, ne s'interrompant que pour égarer ses beaux yeux dans le bleu du ciel ou pour tromper encore son cœur en lui jouant au clavecin quelques airs du beau temps.

La misère, qui avait l'habitude des lieux, ne tarda pas à venir s'accroupir, comme autrefois, sur le seuil de la porte. La pauvre fille eut beau faire, il lui fallut subir encore le froid et la faim. Elle confiait son travail à des mains infidèles qui ne lui rapportaient que la moitié de ce qu'elles recevaient. Car elle ne voulait pas aller elle-même, de peur d'être reconnue, porter ses broderies aux grandes dames de la porte Saint-Honoré.

Toutefois, elle parvenait à payer son toit et son pain.

Elle trouvait encore de quoi parer de fleurs la tombe de sa mère. Il est vrai que c'étaient les fleurs de sa fenêtre. Le dimanche elle avait même un convive à sa table : l'enfant trouvé, qui menaçait d'être un mauvais garnement, et qui trouvait fort mauvais que Marion fût redevenue pauvre.

De temps en temps les voisines disaient encore : « Comme mademoiselle Marion chante bien ! »

Mais elle ne chantait plus comme dans le bois de Meudon :

>Aimons-nous follement.

Elle chantait :

>Une fièvre brûlante...

XV

LE CHEMIN DU CIEL

Tout le monde sait que M. de Beaujon a bâti un hôpital à Paris, comme eût fait un roi de France. Or, quand l'hôpital fut bâti, il ne se contenta pas d'y répandre un million pour que la mort y fût moins triste ou que la santé y pût refleurir, il y alla souvent consoler lui-même les malades.

Un matin qu'il suivait pas à pas le médecin dans tous les méandres de ce refuge des désolations, il fut arrêté au passage par la main la plus délicate qui jamais lui eût été tendue.

— Quoi! lui dit une voix émue, vous ne m'auriez pas reconnue si je ne vous eusse pas tendu la main?

— Non, dit M. de Beaujon d'un air surpris; qui êtes-vous?

— Qui je suis? pourquoi vous le dire? Je vais mourir et j'aurais mieux fait de vous laisser passer.

— Ah! mon Dieu! dit M. de Beaujon en pâlissant.

Il avait reconnu Marion.

— Vous ici!

— Oui, moi ici : voyez comme vous avez bien fait de bâtir un hôpital.

M. de Beaujon voulut emmener Marion chez lui; mais Marion voulut mourir à l'hôpital; vainement le médecin essaya de la décider, lui disant que l'air vif des jardins lui rendrait la vie, vainement les porteurs de M. de Beaujon se présentèrent deux fois avec une prière du financier : Marion dit qu'elle avait offensé Dieu et qu'elle voulait mourir comme les plus humbles de ses créatures.

Le lendemain M. de Beaujon retourna la voir. Elle achevait de vivre, ou plutôt elle achevait de mourir. Elle était pâle et immobile comme une statue de marbre déjà couchée sur un tombeau. On voyait que, toute recueillie en elle-même, elle n'avait plus de pensée, elle n'avait plus de sentiment, elle n'avait plus d'amour que pour Dieu seul.

— Voyez, dit-elle à M. de Beaujon en lui montrant un livre ouvert devant elle, voilà qui m'a ouvert trop tard les portes du ciel.

Ce livre, c'était l'*Imitation de Jésus-Christ*.

— Pourquoi avez-vous quitté ma maison? lui demanda M. de Beaujon.

— Ne suis-je pas encore dans votre maison? lui répondit-elle avec un sourire; mais ici c'est aussi la maison de Dieu. J'ai quitté l'autre parce que vous m'aimiez et parce que je ne vous aimais pas. Quand j'ai vu que l'ami allait devenir un amant, je me suis arrachée à la douce habitude de vivre dans votre solitude. Je sentais, d'ailleurs, que je ne vivrais pas longtemps, et déjà il ne me restait que trop peu de jours pour me repentir. Je suis indigne de la grâce de Dieu; mais au moins c'est l'amour seul qui m'a perdue. Dans les plus folles heures de ma vie, chaque fois que je suis tombée dans l'abîme, c'est mon cœur qui m'a entraînée. Je n'ai trompé personne. Vous comprenez pourquoi je me suis enfuie quand j'ai vu que vous m'aimiez.

Cette confession, faite avec peine par une voix qui

voulait cacher la moitié de ce qu'elle disait, ne flatta pas beaucoup M. de Beaujou.

— L'amour et l'argent ne vont jamais de compagnie, se dit-il à lui-même. L'amour a les poches vides et n'y loge que l'espérance.

XVI

MIEUX VAUT JAMAIS QUE TARD

Cependant le capitaine Lagarde avait eu beau courir les folles amours, il avait gardé dans son cœur un souvenir religieux pour Marion, qui avait été le vrai rayon de sa jeunesse.

Il l'avait revue çà et là au théâtre, il était parvenu à l'attendrir encore un soir qu'il lui tenait les deux mains dans les coulisses, il avait presque rallumé cette belle flamme et avait failli l'entraîner rue de l'Arbre-Sec, là où ils avaient été heureux. « Non, non, s'était écriée Marion, la rue Bailleul est trop près de la rue de l'Arbre-Sec. » Et elle avait dénoué, d'une main victorieuse, cette chaîne fatale qui allait l'étreindre encore.

Quand Marion quitta le théâtre, M. de Lagarde était sur les bords du Rhin. Son colonel, M. de Latour-Maubourg, l'envoya en mission secrète à Versailles.

M. de Lagarde n'eut que le temps de traverser Paris.

— Si seulement je pouvais voir Marion! se disait-il en revenant de Versailles par le Cours-la-Reine; mais qui me dira de ses nouvelles?

Il se souvint que la marchande des quatre saisons, qui avait été témoin de la première page de leur roman, était venue souvent voir Marion rue de l'Arbre-Sec. Un jour même, après leur brouille, elle s'était chargée d'une lettre pour l'Opéra-Comique.

Il éperonna son cheval et traversa les Champs-Élysées pour aller droit à la rue Saint-Dominique-du-Roule.

Comme il mettait pied à terre, il vit débusquer la marchande des quatre saisons de l'obscure allée d'où Marion était sortie si gaiement avec lui, et où elle était rentrée si tristement avec l'ombre du marquis de Rouville.

Jeanne La Pie, qui n'avait pas subi de pareils contretemps, était toujours là avec son éventaire et sa figure radieuse.

— Ah! vous voilà! dit-elle d'un air ouvert.

Mais, se rembrunissant tout à coup :

— Vous arrivez trop tard, mon cher.

— Qu'est-ce que cela veut dire? interrompit brusquement le capitaine.

— Cela veut dire que mademoiselle Marion est morte ou n'en vaut guère mieux.

— Morte! Où est-elle?

— A deux pas d'ici, à l'hôpital.

— A l'hôpital! grand Dieu! Marion à l'hôpital!

— Eh bien! oui, elle y est comme j'y étais cet hiver : l'hôpital n'est pas fait pour les chiens.

Le capitaine était pâle comme la mort; il tourmentait de la main la crinière de son cheval et regardait d'un œil fixe la marchande des quatre saisons.

— A l'hôpital! murmura-t-il encore d'un air abattu.

Il remonta à cheval et alla à l'hôpital Beaujon.

On ne voulait pas le laisser entrer, mais il entra en tirant son épée. Toutes les sœurs de charité se regardèrent avec effroi, car il avait l'air d'un fou.

— Mademoiselle Marion de la Ferté? dit-il sans s'arrêter.

Une religieuse qui comprit sa douleur lui fit signe et le conduisit droit au lit de Marion.

— Voilà le numéro 27, dit-elle de sa voix la plus douce. C'est sans doute votre sœur?

C'était une heure après la dernière visite de M. de Beaujon.

Marion n'avait plus qu'un souffle; elle avait eu le délire toute la nuit; elle ne voyait plus, elle n'entendait plus.

Pourtant, quand le capitaine lui saisit la main et lui parla, il se fit en elle une révolution, comme un dernier combat de la vie et de la mort. Elle entendit vaguement les paroles tendres du capitaine, mais elle ne le reconnut pas et le prit sans doute pour le marquis de Rouville, car elle ne lui dit que ce seul mot, qui le blessa mortellement au cœur :

— Ah! mon cher Rouville, vous ne vous attendiez pas à me retrouver ainsi?

— Marion! Marion! tu ne me vois donc pas? s'écria M. de Lagarde.

Marion regarda le capitaine d'un œil fixe, et, de sa blanche main soulevant un crucifix qu'elle avait sur la poitrine, elle l'appuya sur ses lèvres éteintes.

— Marion! Marion! dit le capitaine en lui pressant la main.

Marion était morte.

Le capitaine se jeta éperdument sur elle et lui parla longtemps encore comme si elle dût lui répondre.

— Marion! puisque je suis revenu, tu n'es pas morte!

Il embrassait Marion, il embrassait le crucifix, il priait Dieu de le frapper d'un coup de foudre.

Une religieuse vint réciter des prières au pied du lit, sans doute pour le rappeler à une douleur plus digne.

La main de la morte était tombée sur l'*Imitation de Jésus-Christ*, qui ne l'avait pas quittée un seul instant à l'hospice. M. de Lagarde ouvrit le divin livre et lut sur la première page ces lignes écrites de la main de Marion :

Je veux mourir comme mon divin maître, les mains clouées sur la croix, pour oublier que j'ai fermé les bras sur les mauvaises passions.

L'amour a été le pain quotidien de mon âme.

J'ai bu goutte à goutte la rosée que le ciel avait versée dans le calice. Mais le calice s'est brisé.

On m'a présenté la coupe d'or de la courtisane : j'ai bu, mais bien vite j'ai détourné mes lèvres.

J'ai voulu mourir de faim sur la terre pour aller vivre du pain éternel de la table de Dieu.

Le capitaine, qui n'était pas habitué à ce style-là, demanda si Marion était morte folle.

XVII

ADIEU MARION

Le lendemain, on porta Marion dans la plus humble chapelle de Saint-Philippe-du-Roule, par un beau soleil du mois de juillet (le soleil qui est de toutes les fêtes et de toutes les douleurs). Il n'y avait à la messe mortuaire que trois personnes : le capitaine, l'écolier recueilli par Marion et la marchande des quatre saisons.

Après la messe, le capitaine suivit gravement le cercueil, sans s'inquiéter des commérages et des quolibets, tout à sa douleur et à son désespoir.

Il fallut que Jeanne La Pie l'arrachât du cimetière, où il cherchait d'un œil égaré sa place à côté de sa chère Marion.

Le soir, au Palais-Royal, un de ses amis, capitaine au Royal-Champagne, lui parla avec raillerie de ses grands airs mélancoliques en suivant un cercueil orné de fleurs d'oranger.

— Sans doute quelque vertu des Wauxhals? dit le capitaine au Royal-Champagne.

— Aimes-tu voir lever l'aurore? demanda M. de Lagarde à son ami.

— Oui, l'aurore aux doigts de roses ouvrant les portes du soleil.

— Eh bien, mon cher, à la première aurore je te répondrai avec mon épée à la Croix-Catelan.

Le lendemain, quand ils eurent dégaîné, le capitaine Lagarde prononça le nom de Marion et jeta son cœur à la pointe de l'épée de son adversaire.

— Ah! Marion, dit-il en expirant, j'ai voulu mourir en défendant ta mémoire. Tu ne m'as pas reconnu à ton lit d'hôpital, mais tu me reconnaîtras là-haut.

LE VALET DE COEUR

ET

LA DAME DE CARREAU

LA VALET DE COEUR

ET

LA DAME DE CARREAU

I

Georges de Valbon et Adolphe Rubenpré étaient deux amis à la vie et à la mort.

Ils avaient étudié ensemble; ils avaient fumé ensemble; ils avaient voyagé ensemble.

Ils vivaient de la même vie, à ce point que, si l'un

devenait amoureux, l'autre restait simple spectateur de la passion de son ami, heureux du bonheur qui ne le touchait que par ricochet.

Georges était attaché au ministère des affaires étrangères, ou plutôt détaché. Adolphe ne faisait rien, sous prétexte qu'il faisait fortune dans des mines de charbon.

Ils se voyaient deux fois par jour, ils n'avaient jamais fini de se dire ce qu'ils avaient dans le cœur ou dans l'esprit. Quand ils ne déjeunaient pas ensemble, leur journée était manquée. Or, un matin, Adolphe déjeuna seul; le lendemain encore, il déjeuna seul. Huit jours se passèrent ainsi.

Adolphe avait remarqué en Georges un air mystérieux qui annonçait une de ces grandes passions qu'on cache, même à son meilleur ami, parce qu'on n'ose pas se l'avouer à soi-même.

— C'est cela, dit Adolphe, il est amoureux de madame d'Armagny. Voilà le fruit de mes conseils. Je lui avais tant dit qu'il ne fallait pas s'enchevêtrer dans l'amour d'une femme mariée.

Madame d'Armagny était une jeune femme malheureuse chez elle.

Elle avait eu le tort de rencontrer Georges dans le

monde, de lui confier ses chagrins et de croire à ses idées romanesques.

Adolphe n'osait pas violer le mystère de cet amour criminel qui lui prenait son ami. Mais il ne vivait plus qu'à moitié.

Vainement il s'était présenté chez Georges. On avait l'ordre de dire que M. le comte ne donnait pas de ses nouvelles. Le domestique, d'ailleurs, permettait à Adolphe d'entrer dans l'appartement, et Adolphe, sous prétexte d'écrire, promenait partout le regard scrutateur d'un philosophe qui cherche la vérité, — un peu, il est vrai, comme l'astrologue qui pour voir des chimères se laisse tomber dans le puits de la vérité.

Il avait fini par découvrir sur une enveloppe toute fraîche le timbre de la poste de Passy sur l'écriture de Georges. — C'est là qu'ils se cachent ! s'était-il écrié.

Et il s'était mis en campagne pour les trouver, ne croyant pas que l'amitié pût jamais être indiscrète.

Se mettre en campagne pour aller à Passy, c'est tout simplement faire un voyage à trois sous sur l'omnibus ou de trois francs dans un coupé.

Adolphe prit l'omnibus, — par économie de temps,

— pour le paysage, — mais surtout pour jouir de la conversation de ses pareils. Les hommes sont toujours des hommes. — Et puis, qui sait s'il n'apprendrait pas de son voisin de l'impériale où se cachait M. le comte Georges de Valbon? — Car enfin son ami avait beau vouloir se cacher, il habitait sans doute une maison, cette maison avait des fenêtres et un jardin. S'il ne se mettait pas à la fenêtre, il se promenait dans le jardin. « Passy est une ville de province où tout le monde se connaît, » disait Béranger, qui lui aussi avait voulu y cacher son bonheur, — je veux dire sa gloire.

— Monsieur, dit Adolphe à son voisin, après lui avoir donné du feu, car on fume beaucoup là-haut, savez-vous où demeure M. le comte Georges de Valbon?

— Oui, monsieur; rue Virgile, dans une petite maison en brique qui se cache sous les feuilles comme une bacchante toute barbouillée de lie de vin.

Celui qui parlait ainsi était un peintre qui avait commencé le passage de la mer Rouge, et qui allait étudier la mer Rouge entre Passy et Grenelle par un soleil couchant de pourpre et d'or, vrai Pharaon noyé dans les flots.

— Rue Virgile, répétait Adolphe, voilà une rue faite pour le bonheur; j'ai bien envie de m'y exiler.

Il y a en effet des rues heureuses et des rues malheureuses, sans parler du n° 13, que tout le monde fuit comme le banquet des treize. Croit-on que la lune de miel montre rue de Lourcine la même corne d'argent que rue des Champs-Élysées?

II

Comme Adolphe entrait dans la rue Virgile, il rencontra un comédien du Théâtre-Français, — puis un critique, — puis un poëte, qui tous demeuraient rue Virgile. Le poëte traduisait Virgile et le critique citait Virgile à tout bout de prose.

— Diable, dit Adolphe, voilà un bonheur qui sent un peu le latin. Est-ce que Georges et Amélie feraient ici un pensum?

Il sonna à la petite porte.

On n'ouvrit point d'abord. Il sonna à tour de bras.

Georges lui-même vint ouvrir, très-décidé à fermer la porte au nez de cet insolent carillonneur.

— Ah! c'est toi! dit Georges tout pâle encore de sa colère soudaine.

— Me suis-je trompé de porte? demanda Adolphe. Je suis venu pour voir des gens heureux.

Georges sembla réfléchir.

— Entre, dit-il à son ami.

Madame d'Armagny, qui était venue à la fenêtre, se cacha subitement en poussant la croisée.

Adolphe fit semblant de ne l'avoir pas vue.

— Ne m'en veux pas, mon cher Georges, si je suis venu jusqu'ici ; mais je n'ai qu'un ami et j'ai le droit d'en abuser. Si tu tiens absolument à vivre loin de moi, il me faudra bien me résigner à chercher un autre ami.

— Mais non, je veux vivre dans ta brave et belle amitié.

— Je sais que l'amour est absolu.

— Dis-moi comment tu m'as découvert dans cette solitude.

— Dans cette solitude! Je viens de rencontrer Paris à ta porte, Paris spirituel, Paris savant, Paris rêveur.

— Oui, je sais que je suis dans un désert peuplé de gens célèbres. Mais enfin, qui t'a dit que je demeurais ici?

— Le premier venu : mon voisin de l'omnibus.

Georges n'en pouvait revenir. Il avait dit à tout le monde qu'il partait pour les Pyrénées. Bien plus, il avait dit mystérieusement à quelques camarades qu'il allait à Bade : comment le savait-on à Passy, rue Virgile? Une rue où il n'y a que cinq ou six maisons.

Cependant, tout en causant, ils étaient entrés dans l'antichambre.

— Attends, je vais voir si madame d'Armagny veut permettre à l'amitié d'entrer chez l'amour.

Madame d'Armagny, vêtue de blanc comme une apparition, se présenta elle-même à la porte du salon.

— Nous vous attendions, dit-elle avec une grâce charmante.

— C'est bien, dit Adolphe. Mais, franchement, je ne m'en doutais pas. Je vous croyais presque partis pour l'autre monde.

— Georges n'est pas né voyageur. Il n'a pas seulement voulu aller jusqu'à Bade.

— Il a raison. Quand on voyage, c'est qu'on cherche ; quand on a trouvé, on ne voyage plus.

— Est-ce qu'on trouve jamais !

Georges s'inclina devant madame d'Armagny de l'air du monde le plus sérieux.

— Je parle pour vous, dit-elle en souriant du sourire de la science.

Adolphe s'était assis entre les deux amoureux et promenait son regard sur les meubles du salon : un vrai mobilier de gens heureux, c'est-à-dire du palissandre, incrusté de bois de rose, des tentures de perse, des gravures d'après Vidal, de la musique de Mozart et de Rossini, une jardinière toute fleurie de bruyères roses.

— Quoi ! s'écria tout à coup Adolphe, vous lisez des romans !

Il avait reconnu la *Recherche de l'absolu*, sur le guéridon.

— Oui, nous lisons des romans, dit madame d'Armagny. Est-ce un cas pendable ?

— Oui, car si le roman de votre amour remplissait votre cœur, vous ne liriez que celui-là.

On se promena par le petit jardin tout aromatisé par les buissons de roses.

— Rien n'y manque, pas même les poissons rouges, dit Adolphe.

— Vous ne voyez pas tout, dit la jeune femme, nous avons un rossignol.

— Oui, dit Georges; mais nous commençons à dormir quand il commence à chanter.

On sonna. Le valet de chambre alla ouvrir. C'était le journal du soir.

— Quoi! le journal lui-même a ici ses entrées? Quoi! vous lui permettez d'apporter son odeur de réalisme dans vos bucoliques?

Georges ne répondit pas; il s'éloigna en ouvrant le journal.

— Allons, allons, dit Adolphe, je pouvais sans danger violer votre solitude : l'amoureux lit son journal, l'amoureuse lit son roman, il y a un monde entre eux.

Il se rapprocha de la jeune femme.

— Vous êtes bien heureuse? lui demanda-t-il sans façon et de l'air d'un homme qui sait d'avance sa réponse.

— Oui, bien heureuse! répondit madame d'Armagny avec un profond soupir. Oui, bien heureuse, mais bien coupable.

— Est-ce que vous plaignez votre mari?

— Non. C'est sa faute. C'est lui qui a commencé par

déchirer le contrat. Il subit la peine du talion, à cette différence près qu'il se montrait avec sa maîtresse et que je me cache avec mon amant. Il m'a rendue si malheureuse, que mon bonheur d'aujourd'hui me semble dû.

Madame d'Armagny essuya une larme.

Georges était revenu vers Adolphe.

— J'ai un mot à te dire, mon cher Adolphe.

Il entraîna son ami vers le fond du jardin, pendant que madame d'Armagny, armée d'un sécateur, coupait les roses fanées.

— Donne-moi donc des nouvelles de Paris.

— Donne-moi donc des nouvelles de toi-même.

— Je ne me reconnais plus, je n'ai plus d'esprit ; je suis bête comme un homme heureux.

Adolphe fit gravement le tour de Georges.

— Que diable fais-tu là ?

— Je fais le tour de la huitième merveille du monde.

— Tu as raison. Il faudrait aller jusqu'au Gymnase de 1830, à une comédie de M. Scribe, pour voir ce que tu vois ici, — *le plus heureux des hommes.*

— Tu l'aimes donc bien ?

— A perte de vue.

— Précisons un peu. Serais-tu capable de mourir pour elle?

— Oui.

— Serais-tu capable de vivre avec elle?

— Oui.

— Serais-tu capable de l'épouser?

— Oui, — mais pas du vivant de son mari.

— Ainsi, ce n'est pas une aventure, c'est une passion?

— Une passion profonde, violente, éternelle ! Si j'avais rencontré cette femme-là avant qu'elle ne fût madame d'Armagny, j'aurais un bonheur à trente-six carats.

— Ah! oui; le mari, c'est la pierre d'achoppement qui fait trébucher les rêves d'avenir.

— C'est bien dit.

Les deux amis se rapprochaient de la jeune femme. Adolphe la regardait à la dérobée et la trouvait plus belle que jamais dans les teintes adoucies du couchant. Elle marchait avec la grâce savante, qui charme autant que la grâce qui s'ignore. L'éclat de ses yeux noirs et de ses lèvres rouges avait plus d'accent encore dans la pâleur poétique de sa figure : c'était cette beauté toute parisienne devant laquelle les artistes se demandent si la beauté de l'amour n'est pas plus belle que la beauté de l'art.

La nuit vint, on rentra dans le salon, on causa un peu. Il y avait un jeu de cartes; on se tira les cartes, et les cartes décidèrent dans leur éloquence que Georges et madame d'Armagny, — le valet de cœur et la dame de carreau, — étaient destinés désormais à vivre de la même vie, quelque figure que dût faire M. d'Armagny, c'est-à-dire le roi de carreau.

III

Après cette prédiction décisive, Adolphe prit du thé et s'en revint à Paris.

Il avait promis à Georges d'aller quelquefois lui demander à dîner, mais il partit pour Londres, où l'appelait un coup de fortune. Il y fut retenu toute la saison par l'argent d'abord, par l'amour ensuite. Il écrivit une fois à Georges, qui était parti pour les bains de mer, et qui ne lui répondit que deux mois plus tard.

Voici les deux lettres :

« Mon cher Georges,

« Comment va ton bonheur ? Je me suis enchevêtré dans la fortune, mais j'aime mieux l'amour, — quand j'ai de l'argent, — ou quand j'ai vingt ans ; — mais je n'ai plus vingt ans et je bats monnaie. Crois-moi, la plus belle effigie est celle que tu as sous les yeux.

« Ton Oreste,

« Adolphe. »

« Mon cher Adolphe,

« Ta lettre m'arrive en pleine mer ; je la lis par les beaux yeux d'Amélie, qui sont toujours ma lumière. Nous nous aimons comme si nous n'avions pas commencé. Je suis toujours si heureux, que je n'ai pas le sou, faute d'y avoir songé. Donne-moi un mot pour ce farouche *** qui ne veut pas donner d'argent sans ton seing. N'oublie pas de venir nous voir au débotté.

Si tu ne nous trouves pas ensemble, c'est que la mort aura pris l'un ou l'autre. Adieu, car je vais ramer, et n'ai rien à te dire, sinon que je suis ton Pylade.

« GEORGES. »

IV

Un jour, Adolphe, lisant dans un journal de Paris la liste des décès, vit tout à coup, à sa grande surprise, le nom de M. d'Armagny.

— Tiens, dit-il, les cartes ont bien parlé. Voilà le roi de carreau hors de jeu. Le valet de cœur va épouser la dame de carreau.

Il pensa à écrire à Georges, mais il remit sa lettre au lendemain, et n'écrivit pas. Il croyait d'ailleurs partir bientôt pour Paris, mais il fut obligé d'aller en Écosse et d'y rester tout l'automne.

Par un beau givre du mois de janvier, il rentra enfin à Paris, regrettant presque de ne pas rester à Londres, où il avait été quelque peu amoureux.

Le même jour, il alla chez Georges, où on lui dit que son ami était absent.

— Suis-je bête! se dit-il, ce n'est pas chez lui, c'est chez elle qu'il faut aller pour le voir.

Il ordonna à son cocher d'aller rue Virgile. Le cocher le regarda à deux fois, comme pour lui dire que la rue Virgile n'existait que du mois de mai au mois d'octobre.

Enfin, cahin, caha, il arriva rue Virgile. Il descendit dans la neige et sonna.

— Est-ce que les oiseaux sont envolés? se disait-il en regardant par-dessus le mur.

Il sonna encore. La bise seule lui répondit en sifflant dans les beaux arbres qui avaient ombragé tant d'amour.

Une femme du voisinage hasarda son nez rouge à une fenêtre. Adolphe la questionna. Elle lui répondit que les amoureux voués au blanc n'avaient pas reparu depuis deux mois, qu'on les croyait en Italie ou en Espagne, qu'on aurait peut-être de leurs nouvelles rue d'Isly.

— Ah! oui, dit Adolphe, c'est là que demeurait madame d'Armagny, depuis sa séparation.

Il se fit conduire rue d'Isly.

— Madame d'Armagny? demanda-t-il au concierge.

— Madame la comtesse est chez elle.

Il monta et demanda, en remettant sa carte, si la jeune femme était visible.

Le valet de chambre revint en le priant d'entrer dans le salon.

Le salon était en grand deuil, c'est-à-dire enseveli sous les housses, et point de feu dans la cheminée.

Madame d'Armagny ne se fit pas attendre.

— Ah! c'est enfin vous, dit-elle en tendant la main à Adolphe.

— Vous êtes seule? demanda Adolphe en regardant autour de lui.

— Oui, vous savez que j'ai perdu mon mari.

— Oui, c'est de l'histoire ancienne, mais ce n'est pas de lui que je voulais parler. Est-ce que Georges n'est pas ici?

— Georges?

La jeune veuve pâlit.

— Je croyais, poursuivit-elle, qu'il vous avait écrit.

— Pas un mot. Que s'est-il donc passé?

— Georges ne m'aimait pas.

— Il vous adorait.

— Oui, mais, depuis le jour où j'ai perdu mon mari, il est tombé malade.

— Je ne comprends pas.

— Passez donc dans ma chambre. Ce salon est si froid, que je n'y fais plus de feu.

— C'est depuis que vous n'y faites plus de feu qu'il est si froid.

Dans la chambre de madame d'Armagny, Adolphe remarqua du premier regard le portrait de M. d'Armagny.

— Je comprends de moins en moins, pensait-il. Que peut faire ici ce portrait?

La jeune veuve était dans le deuil le plus sévère.

— Enfin, où est Georges?

— Je ne sais pas.

— Comment, vous ne savez pas?

— Est-ce que vous me l'avez donné à garder?

— Expliquez-moi cette énigme.

— Voilà toute la vérité : j'étais veuve depuis trois mois, quand un jour la conversation roulant sur le mariage, j'ai demandé à Georges s'il m'aimait assez pour m'épouser, — dans la suite des temps. — Il m'a répondu qu'il m'aimait trop pour cela. — J'ai voulu une réponse précise. Il m'a dit que le mariage n'était pas dans ses habitudes. Moi je lui ai dit que je ne voulais pas toujours de cet amour criminel où il m'avait entraînée, que je ne voulais pas vivre à la condition de cacher ma vie, que je voulais racheter ma faute et reconquérir l'estime du monde. Il m'a affirmé que j'étais folle. Nous sommes allés jusqu'à nous dire des injures. Nous demeurions encore rue Virgile. J'ai mis mon chapeau, j'ai pris mon châle, j'ai couru jusqu'à la prochaine voiture, et je suis revenue chez moi sans qu'il eût tenté de me reprendre sur son cœur.

— Et le lendemain?

— Le lendemain il revint ; mais il était trop tard. J'avais passé la nuit à pleurer et à prier. Il y avait trop de larmes et trop de prières entre nous.

— Mais vous vous revoyez?

— Non. Il a voulu revenir, je lui ai dit qu'il ne reviendrait ici qu'après avoir passé à la mairie du premier arrondissement. Il m'a répondu qu'il n'aimait que les chemins de traverse.

— Mais où est-il?

— Je crois qu'il est à l'hôtel du Louvre, comme un simple voyageur. Il a eu chez lui des ennuis d'argent, et il fait semblant de voyager. Il m'a écrit il y a huit jours, en m'envoyant un bouquet. A l'hôtel du Louvre, il s'appelle M. Edgar Paturot pour se mieux cacher.

V

Après avoir beaucoup philosophé avec madame d'Armagny, Adolphe la quitta pour aller à l'hôtel du Louvre.

— Monsieur Edgar Paturot.

— Le voilà qui rentre. Si vous ne le joignez pas dans l'escalier, sonnez au numéro 517.

L'hôtel du Louvre, c'est tout un monde, — ou plutôt un composé des cinq mondes, — ou plutôt c'est la tour de Babel; on ne s'y entend pas et on ne s'y reconnaît pas.

Adolphe, sur le point de joindre Georges, lui cria d'une voix de tonnerre :

— Monsieur Edgar Paturot ?

Georges se retourna et se jeta dans les bras de son ami.

— Que diable fais-tu ici ? lui demanda Adolphe.

— Je voyage. Je fais mon tour du monde, j'apprends les langues vivantes, je prends mes degrés en diplomatie.

— Et madame d'Armagny ?

— C'est du plus loin qu'il m'en souvienne.

— Quoi ! tant d'amour !

— Oui, comme dans la *Favorite*. Figure-toi, mon cher Adolphe, qu'elle n'a pas été plutôt veuve qu'elle a parlé de se remarier, elle qui en disait tant contre le mariage; elle qui accusait le mariage de toutes ses larmes; elle qui a eu le plus mauvais garnement de mari qui soit sorti d'une écharpe tricolore.

— Eh bien, pourquoi ne l'as-tu pas épousée ?

— Parce que j'étais son amant.

— Pourquoi n'es-tu pas resté son amant ?

— Parce que je ne voulais pas devenir son mari.

— Vous étiez si heureux !

— Nous nous disions cela ; mais elle sera bien plus

heureuse en se remariant avec le premier venu qui la conduira dans le monde.

Et après un silence, Georges poursuivit :

— Et je serai bien plus heureux quand j'épouserai une jeune fille qui n'aura été ni la femme ni la maîtresse d'un autre.

— Et moi qui faisais le tour de toi-même dans la rue Virgile ! Tu t'es moqué de moi.

Georges éclata de rire.

— Oh ! oui, car tu faisais le tour de l'homme le plus ennuyé du monde.

Écoute ceci, car je suis devenu philosophe : un sculpteur grec, sur les ordres de Vulpa, avait représenté la Fortune avec deux figures : d'un côté, c'était une jeune fille qui portait un flambeau et une corne d'abondance : la lumière olympienne et les fruits de la terre; du côté opposé, c'était une Furie avec tous ses symboles. Vulpa était aussi un philosophe. La Fortune, qui nous montre aujourd'hui le divin sourire de la jeunesse, n'a qu'à se retourner pour nous épouvanter par ses colères titanesques. Le bonheur est comme la Fortune, il a ses deux masques, l'un charmant, l'autre fatal. C'est le bonheur pourtant; le grand art dans la vie, dans l'amour surtout, est de l'empêcher de se retourner. Que j'ai vu de gens me parler de leur bonheur, et qui devenaient tout à coup malheureux de leur bonheur, dès qu'il s'était retourné, comme par une vengeance de la destinée qui ne veut pas sans doute nous amuser longtemps aux choses périssables!— Que j'en ai vu qui se disaient heureux, jusqu'au jour où on les voulait forcer de perpétuer leur bonheur! Ce jour-là aussi leur bonheur se retournait, et ils ne voulaient plus le voir.

Les deux amis étaient entrés au numéro 517. Ils allumèrent deux cigares pour voir plus clair dans la philosophie du bonheur.

— Vous vous aimiez tant! reprit Adolphe.

— Oui, quand nous n'étions pas libres de nous aimer.

— MORALITÉ, dit sentencieusement Adolphe : le valet de cœur n'aime la dame de carreau que si le roi de carreau est dans le jeu de cartes.

MADEMOISELLE
DE BEAUPRÉAU

MADEMOISELLE DE BEAUPRÉAU

I

Il serait curieux pour l'esprit, à l'heure où il y a tant de chercheurs d'or, d'étudier ceux qui cherchent encore le bonheur ; — ce sont les retardataires. — N'est-ce pas une étude digne de la philosophie contemporaine, que celle de toutes ces aspirations vers l'idéal trompeur? Dire comment quelques-uns ont échoué en cherchant les rives inaccessibles du bonheur, n'est-ce pas préserver des abîmes ceux qui veulent se hasarder sur la mer?

Ces histoires seraient très-variées par la couleur et par le sentiment, car le bonheur de celui-ci ferait le malheur de celui-là ; mais, de toutes ces histoires, ne ressortirait-il pas la même moralité : à savoir, que le bonheur c'est le rêve du lendemain, — même à l'heure de la mort!

Il y a, à Paris, des hommes qui passent pour être heureux et qui le sont un peu moins que les autres, parce qu'on ne leur reconnaît ni esprit, ni talent, ni caractère. On dit : — C'est un homme heureux ; — et tout est dit.

On disait d'Albert Weberstein : — C'est un homme heureux.

Albert Weberstein est un vrai Parisien, sous son masque d'outre-Rhin. Il est né à Paris, et ne conserve, comme souvenir de son origine, que du vin de Johannisberg récolté dans les vignes de sa grand'mère, un peu cousine du prince de Metternich.

Albert est né dans la haute banque. Il a appris à pleurer, à rire et à chanter sur l'air des pièces de cent sous. Aussi, quand il fut au collége et qu'on lui enseigna, dans les philosophes, le mépris des richesses, il décida dans sa sagesse que les philosophes avaient raison. On lui avait tant parlé d'argent à la maison, que la science, la liberté, la poésie lui semblaient les vraies déesses de la fortune.

Quand il sortit du collége, il envia beaucoup le sort des pauvres diables qui avaient étudié avec lui et qui allaient suivre leur destinée, qui dans les arts, qui dans les lettres, qui dans les hasards des combats et des voyages. Quelques-uns, il est vrai, lui empruntaient un louis (né banquier il était déjà le banquier — *in partibus* — de tous ses amis); mais il se disait que son argent serait plus gai dans leurs mains que dans les siennes.

Retenu dans les devoirs de la maison, — je veux dire de la banque paternelle, — il ne vivait qu'à demi. Sa jeunesse portait un cilice. Il allait tristement à la Bourse, en songeant au musée du Louvre. Il se croyait né peintre, et il se résignait à voir peindre les autres. Il avait de beaux chevaux, mais quand il était en calèche à quatre chevaux pour aller parier aux courses de la Marche et qu'il rencontrait à pied un de ses insouciants amis, il disait tristement :

— Ce n'est pas moi, c'est lui qui mène la vie à quatre chevaux.

Il avait beaucoup d'esprit, mais le monde ne lui accordait que beaucoup d'argent.

Dès qu'on le rencontrait, on ne lui demandait des nouvelles — ni de son cœur — ni de ses rêves — ni de ses études — ni de ses amis, — mais de la Bourse, du trois pour cent, du crédit de San-Francisco, du chemin de Tombouctou et de la banque de Seringapatnam.

Il avait une figure intelligente et bonne, qui, pour tout autre, eût été la beauté ; mais il était comme ces portraits de maîtres qui sont éclipsés par les richesses du cadre. Au lieu de voir sa figure, on voyait son or.

Il n'était pas comme Fontenelle, qui fermait ses mains pleines de vérités : il ouvrait ses mains pleines d'or. Il n'avait dans sa chambre qu'un tableau : c'était la *Charité* d'André del Sarte, qu'il avait copié lui-même quand il espérait devenir un peintre. On ne lui demandait jamais deux fois son argent pour une bonne œuvre.

Albert aimait à sortir à pied pour deux raisons : la première, pour fureter chez les marchands de bric-àbrac; la seconde, pour faire, comme il le disait, l'aumône de la main à la main.

— Comme tu caches le louis que tu donnes! lui dit un jour un de ses amis.

— C'est pour ne pas décourager ceux qui donnent un sou, répondit-il.

II

Vint la révolution de février qui le ruina d'un seul coup, parce qu'il ne voulut pas ruiner les autres. Il paya tout le monde, excepté lui, et courut à l'atelier d'Eugène Delacroix.

— Enfin, lui dit-il, me voilà libre : tout mon temps et pas une obole. J'ai dépensé mes derniers louis pour acheter une palette et des pinceaux. Moi aussi j'ai droit au travail.

Eugène Delacroix, qui est un philosophe, l'embrassa pour ce beau trait de résignation.

— Mais j'y songe, lui dit-il tristement, si ceux qui nous achètent des tableaux se mettent à en faire, si tout le monde a droit au travail, il n'y a plus d'art possible. D'ailleurs, je suis un mauvais maître; allez au Louvre, peignez pendant un an des figures de Paul Véronèse; la seconde année, peignez l'*Antiope* du Corrége; la troisième année, peignez sous l'inspiration de Léonard de Vinci. Après quoi vous serez un peintre, car si vous n'avez pas le génie en vous, vous vous rebuterez au bout de six semaines.

Albert comprit qu'il était trop tard.

— Je suis destiné à traîner mon boulet d'or et d'argent, dit-il en rentrant chez lui.

Au bout de quelques jours, un des rois de la finance l'appela et lui demanda des conseils sur de nouvelles institutions de crédit. On avait le chaos sous la main, Albert y répandit la lumière.

— La république vous devra sa fortune, lui dit le grand financier quelques jours après.

— Je la tiens quitte, répondit Albert.

— Je vous forcerai à redevenir riche.

— Eh bien, je me laisserai faire; il faut bien se résigner à son sort. Je suis né riche, je mourrai riche. Mais, comme disent les vaudevillistes, la fortune ne fait pas le bonheur. — Si j'étais né pauvre, je ne voudrais pas m'enchaîner dans les richesses ; malheureusement j'ai l'habitude de remuer beaucoup d'argent, et depuis que je suis ruiné, je me crois un général sans soldats. Refaites-moi donc riche.

Albert rouvrit sa banque, le crédit lui revint, les millions s'enhardirent et frappèrent à sa porte. Au bout de quelque jours, les millions faisaient queue dans la cour de son hôtel.

— Maintenant, dit-il un matin d'un air décidé, je veux que ma fortune ne serve qu'à mon bonheur.

Il alluma un cigare, et s'en alla se promener sur le boulevard des Italiens.

III

Une jeune fille vint à passer à côté de lui.

Elle était si belle et si pâle, elle marchait avec tant de distinction, elle semblait si dédaigneuse de se montrer à tous les désœuvrés armés de lorgnons, qu'il vint à Albert cette belle idée, que cette jeune fille était son bonheur qui passait sur l'asphalte.

— Il faut que je voie son pied, dit-il en la dépassant.

Il n'était pas assez physionomiste pour voir le pied d'une femme sans le regarder.

Nous ne sommes plus au temps où l'on voyait le

pied d'une femme de quelque côté qu'on la regardât passer. Les robes à queue ont été inventées par la reine Berthe aux grands pieds.

Mais le pied de la jeune fille ne sortait pas de dessous sa robe.

— Cependant, dit Albert qui l'avait dépassée d'assez loin pour revenir au-devant d'elle, je ne permettrai jamais à mon cœur d'être amoureux d'une femme dont je n'aurai pas vu le pied.

Il fut enfin servi à souhait. Une rafale venue de la rue du Helder prit en pleines voiles la robe de la jeune fille et la souleva jusqu'à la cheville.

— Le joli pied! dit-il tout haut, emporté à cette impertinence par son admiration.

La jeune fille rougit, mais lui sut gré de cette exclamation. Tant d'autres, au passage, n'avaient parlé que de ses beautés plus visibles!

Il était seulement onze heures et demie du matin. D'où venait cette jeune fille avec sa figure poétique et son joli pied?

— Si je savais seulement où elle va? se demanda Albert.

— Je le sais bien, lui répondit un de ses amis qui le voyait jouer cette comédie sentimentale, et qui se posa devant lui comme sa conscience. — Cette belle fille vient de l'amour et elle va à l'amour, — comme Albert Weberstein vient de l'argent et va à l'argent. — Je sais encore que si l'argent veut connaître l'amour, l'amour veut connaître l'argent.

— Ah! c'est toi, murmura Albert qui n'écoutait pas. N'est-ce pas qu'elle est belle?

— Elle est aussi belle que tu es riche. Aussi, je suis sûr que la destinée des amoureux vous a jetés tous les deux sur le boulevard ce matin pour que celui qui cherche l'amour rencontre celle qui cherche l'argent.

— Tu calomnies cette femme. C'est quelque héroïne de Shakspeare, Ophélie ou Juliette.

— Oui, Ophélie ou Juliette qui vient de déjeuner d'un roastbeef et qui se promène avec le miroir aux alouettes.

Celui qui avait parlé ainsi était un poëte — un simple poëte — qui venait sur le boulevard faire sa petite bourse. Il ne croyait à rien, pas même à ses vers, ce qui est le dernier mot du scepticisme.

Le plus poëte des deux c'était le banquier, car le banquier avait gardé la jeunesse du cœur; le poëte avait dépensé le sien comme un enfant prodigue qui n'a pas d'autre argent comptant.

C'étaient deux camarades de collége; le premier était allé à la poésie, le second à l'argent. Mais le poëte cherchait l'argent pour bâtir son bonheur, tandis que le banquier voulait sortir de son argent pour être heureux.

Cependant ils suivaient toujours la jeune fille.

— Tu vois bien cette jeune femme que nous suivons comme un mirage, dit Albert; je ne sais pourquoi je m'imagine que mon bonheur est attaché à ses pas, ou plutôt que mon bonheur c'est elle.

— Eh bien! dit le poëte, je t'en fais mon compliment : tu choisis bien l'image de ton bonheur. Tout le monde voudrait voir ainsi son bonheur marcher devant soi.

A cet instant, un flot de promeneurs arrêta au passage les deux amis.

— Vous ne savez pas la nouvelle, on dit que nous aurons la guerre.

Albert pâlit.

— Diable! dit-il, il faut que je coure donner des ordres.

— Je vends quarante-cinq mille francs de rentes dont un. — Je vends quatre-vingt-dix mille dont dix. — Je vends ferme. — Je vends à prime.

En un mot, tout le monde voulait vendre. On craignait une forte baisse. Le jeune banquier était surchargé de mille et une valeurs qui allaient perdre vingt-cinq pour cent.

— Ah mon Dieu! dit-il tout à coup à son ami, j'ai perdu de vue cette jeune fille.

Mais le poëte lui-même n'était plus là. Il vendait tout ce qu'il avait — et tout ce qu'il n'avait pas.

Durant tout un mois, Albert s'enferma dans sa banque comme dans une citadelle battue en brèche. Il mettait toutes ses forces en mouvement pour conjurer la baisse, cette ennemie dévorante qui engloutit tant de fortunes à cet horrible et bruyant festin qui commence à la Bourse et qui finit au passage de l'Opéra.

IV

Il voyait çà et là passer dans son imagination en-
-vahie par les chiffres la pâle et charmante apparition
du boulevard des Italiens. Mais il avait beau vouloir
s'arracher à ses préoccupations pour suivre cette fraîche
image, il lui semblait la voir toute habillée de titres de
rentes, d'actions de chemin de fer, de billets de banque,
comme Mozart amoureux, qui voyait toujours la robe
de Sophie Arnould rayée comme un papier de musique
et bariolée des airs de *Don Juan*.

V

J'oubliais de dire, en fidèle historien, qu'Albert avait toujours plus ou moins de maîtresses. Comme il était beau et spirituel, on le prenait sans doute pour sa figure et son esprit. Nullement. On le prenait comme banquier. Certes, c'était un homme de qualité. Mais on s'obstinait, dans le monde galant, à ne voir en lui qu'un homme de quantité. Et, comme on en abusait sans vergogne, c'était l'homme des délicatesses et des raffinements; il avait l'art de donner comme les coquettes ont l'art de prendre; mais on ne lui tenait compte de rien; on ne lui permettait pas de mettre son cœur en scène; on ne lui montrait de beaux yeux qu'au moment de faire un lansquenet. Il se résignait à être un homme d'argent — et à faire du bien sans le dire.

— Je prendrai ma revanche, disait-il de temps en temps. Et moi aussi, j'aurai mon jour de temps perdu !

Mais il pensait avec désespoir que le temps perdu — ces heures d'amour qui tombent du sein de Dieu, — en heures nouées par le fil de la Vierge, — ces refrains d'une belle chanson qu'on chante à deux dans l'oubli du monde, — était le refuge, la consolation, la moquerie de ceux qui n'ont rien.

Avoir le temps et savoir le perdre ! c'est presque avoir le bonheur et la science du bonheur !

VI

Un soir Albert avait réuni quelques camarades pour jouer au baccarat. Comme de coutume, on salua son bonheur en entrant dans son salon.

— Mon bonheur, dit-il avec colère, pourquoi me rappeler qu'entre vous tous je suis l'homme le plus malheureux !

— C'est un paradoxe, lui dit un fils de famille qui sortait de Clichy; nous savons tous que l'or rit et ne pleure pas.

— Vous êtes des enfants, vous ne connaissez pas

les misères de l'or : l'or ne rit jamais et pleure toujours.

— Oui, nous connaissons le refrain. Il y a là-dessus une belle fable de La Fontaine, *le Savetier et le Financier*. La Fontaine l'a mise en pratique : il est mort pauvre, mais malheureux.

— La sagesse n'est pas absolue, non plus que la vérité, même dans les fables de La Fontaine, reprit Albert, par exemple, dans *la Cigale et la Fourmi*, c'est la cigale qui a raison.

— Qui t'empêche d'être la cigale?

— Après avoir été la fourmi, n'est-ce pas? Ce qui m'empêche, c'est que je suis cloué au gibet de la fortune. C'est que tout ce qui est ici est à tout le monde. L'argent me possède, et je ne possède pas l'argent. On dit que noblesse oblige, fortune oblige doublement.

— Oui, nous savons tes vertus; mais la fortune n'oblige pas tout à fait à se sacrifier aux autres. Il faut vivre pour soi — et pour ses passions; être heureux, en un mot.

— Mon cher, les gladiateurs étaient nus pour aller dans l'arène. Pour aller au bonheur, il ne faut pas être surchargé. Comment aurais-je l'esprit libre sous le fardeau des affaires? Obligé d'écouter chaque jour cent personnes, dont pas une ne parlera ni à mon cœur ni à mon esprit. La question d'argent est toujours là sur ma tête, comme l'épée de Damoclès.

— Rassure-toi, mon cher Albert, l'épée de Damoclès n'est jamais tombée.

— C'est précisément parce qu'elle n'est jamais tombée qu'elle est plus terrible. En tombant elle pourrait vous manquer; en demeurant sur votre front, elle tue votre esprit. Que ceux qui ne sont pas millionnaires me pardonnent de parler ainsi, ils savent que je n'ai pas la fatuité des millions. Je porte ma fortune avec la résignation du prisonnier qui porte sa chaîne; mais, puisque je n'ai ici que des amis, j'ouvre mon cœur et je me confesse malheureux sur mon argent, comme Job sur son fumier.

Albert parlait avec tant d'éloquence, que nul ne touchait aux cartes : on fumait, on buvait du thé et on écoutait.

— J'en appelle à Fernand, qui n'a plus aujourd'hui que le souvenir de sa fortune, parce que Sébastopol a été pris sans faire sauter de joie les écus à la hausse. Qu'y a-t-il de changé pour lui, si ce n'est la préoccupation de l'argent en moins? Le soleil se lève-t-il une minute plus tard? les alouettes sont-elles moins bien rôties? le livre qu'il lit est-il moins beau? la femme qu'il rencontre est-elle moins amoureuse?

— Albert est moins fou qu'il ne semble, messieurs, dit Fernand. Depuis que je n'ai plus rien, j'ai tout; — du moins, pour mon esprit plus calme, tout a pris des couleurs plus vives. J'ai maintenant une maîtresse qui m'aime et qui me venge de celles qui n'aimaient que mon argent. Aujourd'hui, à l'heure de la Bourse, savez-vous où je vais? Je vais au Louvre et je passe deux heures avec Raphaël, Corrége, Rubens, Véronèse et les autres. MM. les agents de change ne m'ont jamais tant charmé, même les jours où ils me faisaient signe que la Bourse était bonne pour moi. Maintenant, je ne prends plus le journal par la queue pour y lire le cours des fonds publics; je le prends par la tête pour y lire les progrès de l'esprit humain. Ainsi, aujourd'hui j'ai vu qu'on avait découvert le moyen de gouverner les ballons et les femmes.

— Vous avez tous les deux raison, dit un troisième; l'argent tient trop de place aujourd'hui dans la vie! Il envahit tout, à ce point qu'à tout instant il faut compter avec cet hôte tyrannique. Albert se dit malheureux sur ses millions comme Job sur son fumier; moi, j'achèverai la parabole : l'argent est entré dans notre vie comme les maladies elles-mêmes ; la baisse de la rente me donne un coup au cœur, la baisse des Différés convertis me donne une névralgie, la baisse de la vieille ou de la nouvelle Montagne me donne un rhumatisme. Chaque fois que j'ouvre le journal du soir, — aïe! je suis blessé par le Nord, — aïe! je suis blessé par le Midi. — Aïe! aïe! aïe! jusqu'au jour où le vertige me prendra et me jettera dans ma ruine.

— Savez-vous comment tout cela finira? dit un quatrième. Nous irons tous rebâtir, nos châteaux et cultiver nos terres abandonnées à l'ivraie. Ce jour-là, la France sera riche comme elle est déjà grande.

Les amis d'Albert furent si convaincus, ce soir-là, de l'abus des richesses, — tout en prenant du thé avec du rhum et autres aromates, — qu'il s'en fallut de peu qu'il n'allassent jeter leur fortune à la Seine.

Ce qui rappelle beaucoup l'histoire de Chapelle, Boileau, La Fontaine et Molière, qui s'étaient mis en route pour se jeter à l'eau, — après boire !

VII

Le poëte entra, qui les ramena à la vie réelle, et qui, après les avoir sermonnés, leur mit les cartes à la main.

— A propos, mon cher Albert, dit-il au jeune banquier, j'ai retrouvé ce soir la beauté du boulevard des Italiens. Elle est à l'Opéra. Il paraît que je m'étais trompé, car c'est une jeune fille du monde, mademoiselle Valentine de Beaupréau ; mais aussi comment se promenait-elle sur le boulevard à l'heure de la petite bourse !

Albert avait pris son chapeau et s'était éclipsé.

— Dirait-on jamais, reprit le poëte, qu'un homme qui passe pour une des cariatides du temple de la Fortune soit si fou !

— Dans ses jours de raison, dit Fernand, car tout à l'heure il nous a prouvé qu'il était le huitième sage de la Grèce.

Ce soir-là, à l'Opéra, on jouait le *Prophète*. Depuis ce soir-là, Albert jure que Meyerbeer vaut deux fois Rossini.

C'est aussi l'opinion de mademoiselle Valentine de Beaupréau.

Albert s'est tapi à l'orchestre pour s'enivrer de tous ses yeux — il en avait cent ce soir-là — du spectacle de cette jeune fille, si belle de sa jeunesse et si jeune de sa beauté.

A la chute du rideau, il alla monter la garde dans l'escalier — car le spectacle n'était pas fini pour lui.

La jeune fille plus blanche que son manteau de cygne — rougit en passant devant lui, comme l'aurore en passant devant le soleil.

— J'ai fait battre son cœur, c'est toujours cela, dit Albert en la suivant.

— C'est ennuyeux! on marche sur ma robe, dit Valentine à sa mère.

Et, partant de là, elle souleva légèrement la gaze légère qui voilait son pied — tant elle avait peur qu'Albert ne la reconnût pas.

Il la suivit jusqu'à sa voiture, regrettant, pour ce moment-là, que sa main ne fût pas un simple marche-pied.

Les chevaux partirent bruyamment, au grand galop, comme des chevaux bien nés et mal élevés. Albert s'en alla en silence, tout ébloui encore par cette radieuse vision.

Quand il rentra dans son salon, le jeu était fort animé.

— Ah! voilà un amoureux! dit le poëte. Vite, qu'il se mette à jouer, car il perdra.

— Je suis si malheureux, dit-il en souriant, que je vais encore gagner.

Et, en effet, sa fortune insatiable lui mit en main tout l'or de ses amis.

VIII

Il y avait bal à la ville le lendemain; Albert se fit présenter à la comtesse de Beaupréau par un aide de camp de ses amis.

— J'ai l'honneur de vous présenter M. Weberstein, un homme de beaucoup d'esprit et de beaucoup d'argent, ce qui ne gâte rien.

— Ce qui gâte tout, dit Albert en saluant la mère et en regardant la fille.

Il parla beaucoup, il dansa beaucoup : on le trouva charmant.

— Maman, dit mademoiselle Valentine à la fin du bal, prie donc M. Weberstein de venir après-demain à ton bal costumé.

La comtesse pria Albert pour le surlendemain. Albert demanda la permission de n'attendre pas si longtemps. Il rentra chez lui ivre fou.

— J'avais désespéré trop tôt! Le soleil va enfin se lever pour moi!

Il se disait ainsi mille extravagances, comme s'il eût découvert un nouveau monde.

Trois semaines après, on chantait *alleluia* à la petite église Saint-Eugène. Trois cents voitures obstruaient les rues voisines. Toutes les cuisinières du quartier faisaient queue sous le portail pour voir passer la mariée.

C'était mademoiselle Valentine de Beaupréau. Elle n'avait jamais été si belle. Toutefois, mesdames les cuisinières décidaient en conseil que la mariée aurait bien dû mettre un peu de rouge.

Albert n'vait jamais été si heureux.

— Seulement, disait-il à son ami le poëte — qui avait signé comme témoin pour mettre la poésie dans l'acte de mariage — je suis fâché de m'être marié dans une église bâtie en fer, décorée comme un théâtre, une église qu'on avait osé mettre en actions !

— Nul n'échappe à sa destinée, dit le poëte, c'est l'église du diocèse de la Banque. Tu n'en es pas moins bien marié pour cela.

En attendant le dîner, on alla voir un petit château à Saint-James, qu'Albert avait acheté tout exprès pour sa lune de miel. Mademoiselle Valentine était charmante. Albert lui parlait du sacrifice qu'elle faisait en perdant son nom et son titre dans ce simple nom de Weberstein. Elle lui répondit qu'elle épousait un homme et non un nom ; que la jeune fille était la petite rivière qui se jette dans un grand fleuve — et autres paradoxes plus ou moins hasardés. Jusque-là le mot *argent* n'avait pas été prononcé entre eux. Mademoiselle de Beaupréau avait, avec ses vingt ans et sa beauté, trois cent mille francs de dot, ce qui faisait dire à Albert qu'on ne l'avait pas pris pour ses millions.

Le soir on se mit à table pour un des plus splendides festins de la vie moderne, où planaient les ombres affamées de Balthazar et de Brillat-Savarin. Tout le monde enviait Albert, qui avait sous la main la fortune, la beauté, l'amour, l'amitié, toutes les fêtes du cœur et des yeux, toutes les joies de l'âme et du corps.

— Eh bien! lui dit un de ses amis, doutes-tu encore du bonheur?

— Chut! dit Albert, le bonheur n'aime pas qu'on parle de lui.

Comme il disait ces mots, un convive entra tout effaré avec un journal du soir.

— Vous ne savez pas ce qui se passe! la reine Pomaré vient de nous déclarer la guerre.

Tout le monde pâlit. La jeune mariée tendit avidement la main vers le journal. Albert la suivit du regard avec surprise.

Mademoiselle Valentine prit le journal et précipita ses yeux sur le cours de la Bourse!

Albert ressentit un coup au cœur.

— Elle aussi! dit-il tristement, et le jour de son mariage!

C'en était fait de son bonheur! Le soleil s'était levé pour lui, mais il venait de découvrir une tache au soleil.

LE
TREIZIÈME CONVIVE

LE
TREIZIÈME CONVIVE

Ce jour-là, ils étaient douze à table, six hommes et six femmes; des hommes graves, des enfants prodigues : un savant, — un duc italien, — un chroniqueur, — un poëte, — un étudiant et un banquier.

Les six femmes avaient plus ou moins effeuillé des camellias. La première, — celle qui était placée à côté du savant, — ne savait lire que les billets de banque. La seconde, qui allait débuter aux Bouffes-Parisiens, me disait que son amant avait beaucoup de maisons *bien hypothéquées* sur le pavé de Paris. La troisième répétait un rôle de tragédie, coupant chaque vers par un verre de vin de Champagne. Les trois autres étaient peintes comme des Rosalbas. Elles étaient descendues de leur cadre pour la cérémonie; mais il leur manquait la parole.

La table semblait descendue du pays des fées, tant elle était éblouissante — d'argenterie Ruolz et de fleurs artificielles.

Cela se passait au pays Latin, chez un restaurateur de la rue Contrescarpe, où vont dîner quelquefois ceux qui cachent leur faim et leur passion.

On se mit à table. Le savant fut spirituel, l'homme d'esprit fut savant. Le babil argentin des dames courait sur la nappe à la conquête du duc, qui racontait ce qu'il en coûte à Paris pour être aimé pour soi-même, — comme il l'était.

C'était l'amphitryon. Il avait lui-même dirigé la carte dans un style haut en couleur. Il s'excusait de n'avoir pas eu le temps de faire venir des nids d'hirondelles. A chaque mot, il rappelait qu'il était du pays de Lucullus.

— Le beau temps pour les festins, messieurs! Aujourd'hui nous nous contentons de mettre sous la dent ce qui se trouve sous la main; dans l'ancienne Rome, il fallait que tous les pays voisins apportassent leur tribut à table. Le chevreau venait de l'Épire; le thon, de la Chalcédoine; la lamproie, d'Espagne; les huîtres, de Tarente; la merlue, de la Phrygie; les noisettes, d'une île de la mer Égée; la palme, d'Égypte; le pétoncle, de Chio; l'élops, de Rhodes; le scaricot, de Cilicie; le paon, de Samos; les grues...

— Des grues ! — dit une dame. — J'ai souvent vu manger des grues, mais je ne savais pas qu'on mangeât les grues !

Et elle regardait sa voisine.

Le vin de Champagne répandait un air de jeunesse sur tous ces fronts pensifs, un air de folie sur tous ces fronts de marbre. La gaieté, — la belle gaieté parisienne — entre deux amours et entre deux vins — venait d'entrer et allait chanter ses joyeuses chansons...

Quand tout à coup la tragédienne ouvrit la fenêtre pour respirer. C'en était fait du festin !

Vis-à-vis la fenêtre, au coin de la rue Contrescarpe, il y a une vieille maison — une vieille maison du vieux Paris. Dans cette vieille maison, où n'entre jamais ni le gai soleil, ni l'air vif, il y avait un homme, une femme et deux enfants.

C'était aussi pour eux l'heure du festin.

La femme ne mit sur la table — sur la table du travail :

 Ni le potage à la bisque, ou au nid d'hirondelles,
 Ni le turbot sauce Rembrandt,
 Ni le jambon d'York sauce madère,
 Ni le filet de bœuf à la belle jardinière,
 Ni les poulardes à la Toulouse,
 Ni les foies gras en Bellevue,
 Ni le salmis de bécasses Nieuwerkerke,
 Ni les faisans anguirlandés de cailles,
 Ni buisson de coquillages Malakoff,
 Ni les écrevisses bordelaises,
 Ni les truffes cuites au vin de Champagne (retour de Russie),
 Ni le pudding Talleyrand,
 Ni la plombière à l'abricot et à la pêche,
 Ni les fruits du Paradis retrouvé.

Il n'y avait :

 Ni le vin de Madère,
 Ni le haut sauterne,
 Ni le beau romanée,

Ni le haut bordeaux (retour des Indes),

Ni le vin du Cap,

Ni le Johannisberg, cachet d'or-Metternich-cabinet,

Ni le vin de trente-six quartiers, le dernier et suprême coup de l'étrier.

La ménagère mit sur la table :

Du pain,

De l'eau — non frappée,

Du vin bleu (retour de Suresnes),

Un oignon pour entremets,

Une soupe au lard,

Une fricassée d'abats.

Le tout sans linge de Saxe et sans porcelaine de Sèvres. Mais il y avait un grand luxe de terraille de Creil et d'étain mal étamé.

— Quel tableau! dit la tragédienne.

Tout le monde avait vu. Ils n'osaient plus manger — eux qui avaient perdu leur journée — en face de ce brave homme qui se nommait travail, de cette brave femme qui se nommait vertu, de ce pauvre enfant qui se nommait misère.

L'homme était pâle, sévère, pensif. Il regardait le repas d'un air distrait.

La femme eût été belle si elle avait eu le temps d'être belle.

L'enfant ne quittait pas des yeux la fenêtre du festin, et semblait ne pas comprendre pourquoi tant de joie d'un côté et tant de misère de l'autre.

Or, au festin, il ne se disait plus rien. Plus d'une larme tomba des yeux ou du cœur, — larmes visibles et larmes cachées.

Cependant le père prit l'enfant des mains de la mère et l'embrassa avec un sourire doux et triste, — la résignation chrétienne.

La comédienne mit un louis — tout son capital — dans une assiette, et demanda un louis à chacun des convives.

Il se trouva bientôt dix-huit louis dans l'assiette; on donnait sans compter.

Noblesse oblige. Le jeune duc fut nommé ambassadeur pour porter la dîme.

Il monta dans la vieille maison.

— Monsieur, — dit-il avec émotion, — la joyeuse compagnie qui dîne en face me prie de vous offrir de quoi dîner.

Et il déposa sur une assiette les dix-huit louis.

— Les miettes de la table! — dit l'homme avec

fierté. — Je ne donne à personne le droit de me faire l'aumône! Les jours ont pour moi douze heures; je suis plus riche que vous!

En ce moment, sa femme vint du cabinet avec un enfant au sein.

— Pardonnez-moi, monsieur, — dit le duc, — nous avions jugé que vous dîniez mal...

— Je dîne mieux que vous, — monsieur; — je dîne avec le devoir accompli, à côté de ma femme qui me fait trouver bon ce qui est mauvais!

Et comme le jeune duc insistait :

— Je vous remercie du bon sentiment; mais, encore une fois, c'est moi qui suis riche !

A cet instant, comme le poëte regardait par la fenêtre, il vit le petit enfant, — celui qui ne tétait plus, — sauter dans les bras de son père et lui faire mille adorables chatteries. C'était charmant à voir, cet homme robuste et cet enfant délicat, cette tête barbue et cette figure rose. On s'embrassait à tort et à travers sans regarder la place.

Cependant l'enfant toucha de ses petites mains les dix-huit louis. Il aurait bien voulu que son père les prît, car il trouvait cela joli d'avoir de l'or. Mais le père rudoya l'enfant.

— Ne touche pas, enfant; l'or brûle les mains des pauvres!

Et il fouilla dans sa poche.

— Tiens, voilà deux sous pour acheter du pain d'épices ou pour donner au joueur d'orgue.

Après quoi, il pria le duc de reprendre les dix-huit louis.

— Allez dîner sans vous inquiéter de ceux qui travaillent!

Et l'homme qui avait travaillé se remit à table, et plongea sa cuiller d'étain dans la sainte gamelle tout enfumée.

FIN

TABLE

PRÉFACE. V

LA VERTU DE ROSINE. 1

LE REPENTIR DE MARION. 149

LE VALET DE CŒUR ET LA DAME DE CARREAU. 219

MADEMOISELLE DE BEAUPRÉAU. 247

LE TREIZIÈME CONVIVE. 277

FERDINAND SARTORIUS, ÉDITEUR, 9, RUE MAZARINE

EN PRÉPARATION
GALERIE DU XVIIIme SIÈCLE

SEPTIÈME ÉDITION CONSIDÉRABLEMENT AUGMENTÉE

PAR M. ARSÈNE HOUSSAYE

ÉDITION ILLUSTRÉE

Deux beaux vol. grand in-8 jésus, divisés en 70 à 80 livraisons à 50 cent.

AVEC 40 PORTRAITS GRAVÉS SUR ACIER

LE PREMIER VOLUME CONTIENDRA

Femmes de Cour — Princesses de Comédie — Duchesses d'Opéra, etc.

LE DEUXIÈME VOLUME CONTIENDRA

Poëtes — Philosophes — Hommes d'esprit — Sculpteurs
Peintres — Musiciens, etc.

VINGT PORTRAITS CHAQUE VOLUME

UNE OU PLUSIEURS LIVRAISONS PAR SEMAINE

LE PREMIER VOLUME CONTIENDRA LES GRAVURES SUIVANTES

LA DUCH. DE BERRY.	LA DUCH. DE CHATEAUROUX.	Mlle GUIMARD.
LA DUCH. DE BOURGOGNE.	Mme DE POMPADOUR.	Mme DE LA POPELINIÈRE.
Mme DE PARABÈRE.	Mme DUBARRY.	MARIE ANTOINETTE.
Mme DE TENCIN.	Mme DE WARENS.	Mme DE LAMBALLE.
Mlle CLAIRON.	Mlle CAMARGO.	Mme VIGÉE-LEBRUN.
Mlle GAUSSIN.	Mlle SOPHIE ARNOULD.	ETC., ETC.

EN VENTE

PORTRAITS HISTORIQUES AU XIXe SIÈCLE, par H. Castille. La collection complète, 50 volumes . . . . 25 fr.

SOUVENIRS ET RÉCITS DE VOYAGES. Les Alpes françaises et la haute Italie, par F. B. de Mercey. 1 beau vol. grand in-8 . . . 7 fr. 50

BLANCHE D'ORBE, précédée d'un *Essai sur Clarisse Harlowe et la Nouvelle Héloïse*, par H. Castille. 2 vol. in-18 . . . . 2 fr.

AVENTURES IMAGINAIRES, par H. Castille. 1 vol. in-18 . . . 1 fr.

www.ingramcontent.com/pod-product-compliance
Lightning Source LLC
Chambersburg PA
CBHW071136160426
43196CB00011B/1909